会计师事务所合伙人民事责任对审计质量的影响及其路径研究

肖 洁 著

中国财经出版传媒集团
中国财政经济出版社

图书在版编目（CIP）数据

会计师事务所合伙人民事责任对审计质量的影响及其路径研究 / 肖洁著. --北京：中国财政经济出版社，2022.11

ISBN 978 -7 -5223 -0251 -5

Ⅰ. ①会… Ⅱ. ①肖… Ⅲ. ①会计师事务所 - 民事责任 - 影响 - 审计质量 - 研究 - 中国 Ⅳ. ①F233.2 ②F239.22

中国版本图书馆 CIP 数据核字（2022）第 214293 号

责任编辑：李 静　　责任校对：胡永立

封面设计：丁德馨　　责任印制：张 健

会计师事务所合伙人民事责任对审计质量的影响及其路径研究

KUAIJISHI SHIWUSUO HEHUOREN MINSHI ZEREN DUI SHENJI ZHILIANG DE YINGXIANG JIQI LUJING YANJIU

中国财政经济出版社 出版

URL：http：//www. cfeph. cn

E - mail：cfeph@ cfeph. cn

社址：北京市海淀区阜成路甲 28 号　邮政编码：100142

营销中心电话：010 - 88191522

天猫网店：中国财政经济出版社旗舰店

网址：https：//zgczjjcbs. tmall. com

北京中兴印刷有限公司印刷　各地新华书店经销

成品尺寸：170mm×240mm　16 开　11.25 印张　172 000 字

2022 年 11 月第 1 版　2022 年 11 月北京第 1 次印刷

定价：66.00 元

ISBN 978 - 7 - 5223 - 0251 - 5

（图书出现印装问题，本社负责调换，电话：010 - 88190548）

本社质量投诉电话：010 - 88190744

打击盗版举报热线：010 - 88191661　QQ：2242791300

内容摘要

近年来，随着我国证券市场频繁“爆雷”，会计师事务所的审计质量引起了社会公众的普遍质疑。会计师事务所合伙人既是事务所的所有者、执业者、监督者与管理者，又是法律责任的主要承担者，决定着事务所的审计质量和运营方向。如何建立有效的民事责任制度来促使他们提高审计质量、恢复证券市场各参与者之间的利益均衡既是社会公众的期待，也是学者们和业界迫在眉睫需要解决的问题。本书聚焦会计师事务所合伙人这一特殊的群体，对我国注册会计师民事责任的发展进行简要分析，明确对合伙人民事责任进行研究的重要性。随后将合伙人民事责任对审计质量的影响机理和路径进行探讨，以历史现象为启发提炼合伙人民事责任对审计质量产生影响的发生机制，并基于威慑效应下合伙人面临的不同种类民事责任可能产生的行为以及对审计质量的影响进行探讨。本书基于威慑理论将合伙人民事责任分为民事赔偿概率与民事赔偿力度两个要素，并借鉴劳动价值理论将审计质量归结为“价值”和“使用价值”两个层面。其中“价值”层面的审计质量形成于审计活动的生产过程中，是审计服务提供者凝结于审计工作的人类劳动的一种体现。本书通过建立数理模型模拟审计活动中审计质量的形成过程，对在不同法律框架下民事责任与“价值”层面审计质量的关系进行分析；而“使用价值”层面的审计质量则是从审计产品的结果出发，表示为审计产品能够对各使用者造成的正面影响以及其满足各使用者的程度。本书将被审计单位的盈余管理水平作为审计产品对使用者造成的正面影响的替代变量，以实证研究的方式将“使用价值”层面合伙人民事责任对审计质量的影响加以验证。最终得出的研究结论主要有如下几个方面：

首先，在对前期理论进行分析的过程中，我们发现：合伙人民事责任制度从源头上就是为了保障注册会计师行业的执业质量而产生的，它一方面监督合伙人勤勉谨慎执业以履行其应尽义务，促使其提高“价值”层面的审计质量；另一方面通过财产性补偿对受害者（会计信息使用者）权益进行保护，恢复他们对行业的信心，带来“使用价值”层面审计质量的提升。有效的民事责任制度对合伙人形成有效威慑效应，使他们在执业活动中必须将违法的民事赔偿概率和力度纳入成本收益的考量，从主观上促使他们一方面提高自身能力尽可能地提供更专业的服务；另一方面降低他们主动违规的动机，在执业时更加谨慎，最终带来审计质量的提高。但威慑效应发生最重要的前提条件是法律准则具有一定的明确性和相对稳定性，否则合伙人无法有效预期其民事处罚的概率和力度。除此之外，极其巨大的诉讼难度是导致请求权主体望而却步、合伙人民事责任追究机制无法形成有效威慑效应的关键。民事责任追究机制无法生效，自然无法达到通过威慑效应影响合伙人的行为选择从而最终提高审计质量的目的。在我国，由于公民个人财产难于验证和确定范围，事务所合伙人可能会通过对个人财产的转移而避免承担赔偿责任，因此确立合伙人个人财产的范围是保证合伙人无限赔偿责任机制可操作性的关键，否则受害人还是无法获取应有的赔偿，而民事责任机制依然无法对合伙人产生有效威慑效应。

其次，在数理模型分析中，我们通过理论归纳和模型演绎发现：民事责任越大，合伙人经过成本收益衡量之后，越容易导致审计质量的提升。民事责任的存在增加了执业合伙人“偷懒”的成本，促使他们在执业过程中有充分的动力来提高个人能力以发现被审计单位的虚假陈述；民事责任剥夺了执业合伙人“配合舞弊”的不法收益，降低了他们被审计单位管理层“收买”的可能。而其他合伙人为避免承担连带责任，也会通过干涉合谋和选择执业能力较强的合伙人，间接提高本所的审计质量。民事责任赔偿概率和力度的差异使合伙人行为呈现出不同的威慑效应，合伙人不同行为渗入审计活动中，使审计质量在“价值”层面得以提升。随后本书在对不同法律框架下会计师事务所合伙人可能承担的民事责任赔偿概率和力度进行分析时发现：第一，相对于有限责任制，在普通合伙制和特殊普通合伙制下执业合伙人预期支付的民事赔偿较高，执业合伙人从公司管理层所获得的合谋收益会小于可能遭受到的诉讼赔偿的概率越高，执业合伙人如实出具审计报告的可能性越高，审计质量也会随之提高。第二，在普通合伙制及特殊普通合伙制下，合伙人雄厚的个人财产是其如实出具审计报告，提升审计质量的有力保证；而在有限责任制下，执业合伙人必须对事务所投入足够多的资金，才能有效约束其违法动机。第三，执业合伙人个人能力不但对价值层面的审计质量有直接影响，其专业能力与管理层合谋成本也呈正相关。相对于有限责任制，被审计单位管理者需花费更多的合谋成本来说服普通合伙制和特殊普通合伙制的合伙人与之“合谋”。第四，执业合伙人财产占事务所的财产份额越小时，其他合伙人由于占有更大的份额促使他们对执业合伙人与被审计单位管理层是否存在合谋现象更为关注，并尽可能制约该行为，间接地提升了审计质量。在合伙制下，非执业合伙人为避免承担连带责任，有通过干涉合谋来提升本所审计质量的动机，且对于一个审计项目而言，规模越大的事务所，负责该审计项目的执业合伙人所占份额越少，其他合伙人所占份额越多，执业合伙人与公司管理层合谋成功的可能性越小。因此可见，大中型会计师事务所采取特殊普通合伙制的组织形式更有利于通过民事责任配置制度，使组织内部形成互相制约、互相督促的有效机制。

最后，在实证检验中，我们以被审计单位盈余管理水平替代审计质量，用会计师事务所非合伙人签字注册会计师晋升合伙人时发生的民事责任的变化作为民事责任的替代变量来验证合伙人民事责任的威慑效应对使用价值层面的审计质量的影响。我们发现：第一，非合伙人签字注册会计师晋升为合伙人后，民事责任赔偿概率在成为合伙人后所需承担的连带责任的增加下得以提升，且预期的民事赔偿力度也因收入分配方式的改变而进一步增大，民事责任总体的增加对该新晋合伙人带来了威慑效应，提高了该新晋合伙人的执业谨慎和努力程度，最终体现为该合伙人在审计活动中对客户公司管理层进行盈余操纵的行为表现出了更强的抑制作用，对被审计单位的正面影响使得该合伙人在“使用价值”层面的审计质量得以提高。第二，在特殊普通合伙制下，合伙人面临着有限和无限两种责任可供选择，标准在于他是否介入了他人失败的审计案件。此时事务所合伙人数越多，合伙人之间相互了解、建立信任的沟通成本越多，合伙人之间的不信任程度越高。基于威慑效应合伙人在对自身行为进行成本收益分析后，更倾向于采取仅会让他们承担有限责任的行为。因此，合伙人不再愿意向其他人提供帮助，以避免卷入其他合伙人的失败案例，尤其不愿对审计失败风险较大的新晋合伙人负责的项目伸出援手，导致新晋合伙人较难获得指导和帮助，最终致使非合伙人签字注册会计师升任合伙人事件对审计质量的促进作用被弱化。

针对上述主要结论，我们提出的相应建议主要有：第一，健全民事诉讼制度，确保民事追究责任的威慑效应发挥。具体措施包括：明确连带责任的划分、在注册会计师行业层面应构建以合伙人为主要责任主体的民事责任体系；降低诉讼难度，大力发展投资者保护机构，适当引入团体诉讼制度，以法务会计鉴定报告替代行政处罚前置程序；建立健全会计师事务所合伙人财产登记制度，将合伙人个人税务申报系统作为其个人财产的辅助证据，降低其隐匿财产的可能。第二，以政策引导事务所治理，促进审计质量提升。具体措施包括：改变对事务所的评判标准，以执业质量为导向，鼓励事务所内涵式发展；利用“圈子”建立合伙人之间的联保制度，缓解特殊普通合伙制下消除合伙人之间利益不一致所带来的负面影响；参考担保公司的运营模式，对公众披露会计师事务所的赔偿能力，使之成为审计质量信号传递机制的有机组成部分。第三，以现实为依据规范审计市场，暂缓尚未成熟的法规颁布。我国目前的证券市场成熟度和审计市场的有效程度并不具备完全“放开”证券从业资格证限制的条件，完善证券期货资格评判标准和考核机制才是应采取的措施。

综上所述，合理有效的民事责任制度安排是保护投资者权利，提高证券市场监管效率的有力手段，也是改变我国被诟病已久“重行政、轻民事”的证券市场监管制度的关键。本书的研究意义主要有三点：第一，丰富了有关会计师事务所民事责任的研究以及审计质量的研究。如何通过合理的制度安排来有效提升我国注册会计师行业的审计质量是新时代我国监管机构以及学术界研究的热点，本书研究从会计师事务所合伙人民事责任入手，在讨论民事责任的赔偿概率和力度将如何影响合伙人行为，对合伙人行为产生威慑效应的基础上，分析审计质量的内涵，并根据劳动价值理论将审计质量分为“价值”和“使用价值”两个层面，这可对审计质量的提升机理给出更全面更具说服力的理论解释。第二，采用博弈论与实证结合的研究方法，对单凭观察无法得出结论的现象进行模型推演，分析了资本市场中的上市公司、项目合伙人、其他合伙人及投资者四类参与人的行为决策及博弈均衡结果，特别是对审计质量的产生过程即项目合伙人（是否发现错报和报告违约行为）及其他合伙人（是否愿意干涉）的行为过程做了具体的分析，以探讨在威慑效应下民事责任对审计质量“价值”层面的作用及其影响路径。再运用实证研究法将合伙人民事责任的赔偿概率和力度对“使用价值”层面的审计质量带来的变化进行检验，是威慑理论在审计领域的拓展，亦是对已有审计研究方法的一次创新尝试。第三，对会计师事务所合伙人民事责任与审计质量的研究可为相关法律的制定提供理论基础和现实数据支持，并对法律制度的设计、完善与落实提供有效的意见与建议，从而推动证券市场法制化健康有序发展。

目　录

第 1 章　导论

1.1　研究背景与意义

1.1.1　研究背景

改革开放至今已有 40 多年。在我国经历经济飞速增长的同时，根植于资本经济的注册会计师行业也不断摸索着与我国经济发展相适应的道路。1987 年，时任美国总统里根在给美国注册会计师协会成立 100 周年的贺信中写道："如果没有你们，美国金融大厦就会崩塌"。与欧美等发达国家和地区相似，注册会计师也为维护我国市场持续健康稳定发展作出了卓越贡献。朱镕基总理给中国注册会计师行业题词道："注册会计师是市场经济的奠基""注册会计师职业是千秋万代的职业"。

为调整我国审计市场结构，改变国际会计师事务所常年来一边倒的局面，中国注册会计师协会于 2007 年审议通过了第 33 号政策性文件《中国注册会计师协会关于推动会计师事务所做大做强的意见》，本土会计师事务所迎来了发展的春天，在政策的有力推动下掀起了一波又一波合并的狂潮。据财政部统计，截至 2018 年 12 月 31 日，全国共有执业注册会计师 109352 人，合伙人（股东）33768 人，会计师事务所 7862 家（不含分所）。其中合伙制会计师事务所 3878 家，有限责任会计师事务所 3984 家，全行业 2018 年度业务收入达到人民币 1000 亿元。截至 2019 年 5 月底，全国证券资格会计师事务所合伙人共 3821 人，平均每家为 95 人，按 2018 年度业务收入计算的合伙人人均业务收入为1200万元。

然而在我国注册会计师行业收入稳步增长的同时，被视为执业人员价值衡量标准的审计质量却并未同步提高。据中国会计视野网和英格兰及威尔士特许会计师协会（ICAEW）联合发布的2017—2018年会计行业信心指数调查显示，近年来会计人员（含审计人员）社会声誉持续下降。在资本市场中，不法分子利用信息造假，操纵市场和操纵价格，从而获取几亿元、十几亿元甚至更大的暴利，可是被查处时，即使是被顶格罚款也只有区区几十万元。造假的成本太低，是致使资本市场的违法行为屡禁不止的主要原因。2019年开始A股频“爆雷”，其中康美药业的300亿元“会计差错”以及康得新虚增多达百亿元的“天量”利润，令市场一片哗然，相关上市公司正面临监管部门的顶格处罚。而在上市公司违规的背后，身为资本市场“经济警察”的会计师事务所却存在感不强，受到舆论强烈谴责。权威媒体屡屡对部分会计师事务所触犯监管“红线”，甚至从“看门人”沦为“放风者”，为部分上市公司财报造假“提供便利”提出质疑。会计师事务所频繁卷入舆论的漩涡，消磨着社会大众尤其是审计报告使用者对注册会计师行业的信心。注册会计师作为独立的专业人士，公众的信任是他们生存的基石，如何有效提高审计质量，重塑行业形象在当下既重要又迫切。威慑理论认为，违法是违法者为实现自身利益最大化，经过成本收益衡量之后所作出的理性选择行为（Becker，1968）。在我国，注册会计师参与虚假发行及虚假陈述者面临的主要是行政处罚，而刑事处罚与民事处罚较为罕见。现行《中华人民共和国证券法》（以下简称《证券法》）所提及的行政罚款具体数额无论是针对个人还是相关机构均不超过60万元，这个数额相对于巨大的违法收益，显然无法对各参与者（包括注册会计师）形成有效的威慑效应。如果没有合理的制度安排来让中国的注册会计师们增强风险意识，中国的注册会计师对审计质量的提高是缺乏动力的。此时，完善我国证券市场的民事责任赔偿制度对恢复投资者信心，实现证券市场公平至关重要。

随着我国经济发展进入新常态，经济发展的重心由过去对“量”的追求，到现在向“质”的转变。我国证券资格会计师事务所已达到了一定的业务规模，具备了从做大向做强转变的基本条件，如何提高审计质量，进一步保护投资者权益，恢复投资者对我国证券市场的信心成为重要议题。由于审计的整个过程都贯穿着证据的收集和评价，充满不确定性，注册会计师对证据所作出的判断通常就是其在判断当时所能作出的最佳判断（莫茨和夏拉夫，1990），这导致审计质量通常难以被第三者有效监督。因此让注册会计师对自己的行为实现自我监督和约束的成本将远远小于外部监督者对其监督所花费的成本（陈汉文等，2003）。而对于一个审计项目，签字的注册会计师往往只是在按照事务所的质量控制制度进行审计，事务所的合伙人作为一个整体，是制定质量控制规矩的，他们才是真正对审计质量负责的人。通过有效的监管体系，使合伙人能保持理性自利和正直的职业操守是提高审计质量的根本举措（Peterson，2015）。因此基于合伙人民事责任对审计质量的影响机理的研究具有一定的理论价值和现实意义。

2010年，财政部、国家工商行政管理总局制定了《关于推动大中型会计师事务所采用特殊普通合伙组织形式的暂行规定》（财会〔2010〕12号），2012年1月21日，财政部、中国证监会联合发布了《关于调整证券资格会计师事务所申请条件的通知》（财会〔2012〕2号）。根据调整后的证券资格事务所审批条件要求，具有证券从业资格的会计师事务所在2013年底之前完成了特殊普通合伙转制工作。2018年，财政部、国家市场监督管理总局颁布了《关于推动有限责任会计师事务所转制为合伙制会计师事务所的暂行规定》（财会〔2018〕5号），以期推动我国会计师事务所采用合伙组织形式，进一步优化内部治理，提升执业水平。组织形式是会计师事务所从事各种经济活动的法律框架，它不仅涉及会计师事务所内部治理中合伙人剩余索取权和剩余控制权在各要素所有者之间的分配，决定着所有者之间的关系，同时也规范着会计师事务所在与其他交易方进行交易时所承担的权利和义务，特别是在不同制度安排下合伙人所负民事责任存在巨大差异。特殊普通合伙制将审计法律责任与风险落实到了同时集所有者、管理者及注册会计师多重身份为一体的合伙人身上，增加了合伙人的违规成本（刘启亮等，2015），隐含了“重师轻所”的立法精神。可见合伙制在我国已经成为注册会计师行业的主要发展趋势，而合伙人的行为选择将越来越深入地对审计质量造成影响。

民事法律责任是调整平等主体之间的人身关系和财产关系，使受害人被侵犯的权益得以恢复，体现了社会主体间的公平，是恢复社会秩序的有力手段。建立有效的民事责任机制是我国证券市场急需完善的方向。尽管充当着上市公司财务真实性的“守门人”角色，但在已经暴露的多起财务虚假陈述、财务造假案中，注册会计师行业却并未真正承担起这一责任。2013 年*ST 智慧通过提前确认收入、延后确认成本支出等方式，虚增利润达 1.2 亿元。2017 年 8 月 18 日晚间，上市公司大智慧，因虚增收入等违法事项，先后被 1158 位投资者起诉到法院要求赔偿损失，索赔总金额近 2.57 亿元。部分投资者提起索赔时，要求立信会计师事务所与大智慧承担连带赔偿责任。法院明确支持了这一诉讼请求。截至 2019 年 4 月 15 日，大智慧公司收到一中院和上海金融法院发来的民事诉讼《应诉通知书》及相关法律文书合计 2798 例，所涉诉讼请求金额合计为 5.3 亿元。其中大部分原告将立信会计师事务所（特殊普通合伙）列为共同被告。立信会计师事务所与大智慧公司对被判胜诉的投资者将不分对象、不分金额大小、不分先后次序，仅是根据胜诉者的请求承担赔偿责任，而且负有连带赔偿责任的每个合伙人都负有清偿全部债务的义务。因此，立信会计师事务所及其相关合伙人此次可能承担数以亿计的民事赔偿金额。无独有偶，立信同样被判定承担连带责任的还有金亚科技的虚假陈述案。2019 年 9 月 2 日，金亚科技投资者索赔案已经进入强制执行阶段，较之大智慧公司，金亚科技的清偿能力较弱，若法院对金亚科技强制赔偿执行不到位，立信会计师事务所将会成为第一个因虚假陈述对投资者承担连带赔偿责任的会计师事务所。这意味着，随着我国证券市场的逐渐成熟，投资者维权意识逐渐增强（根据深圳证券交易所发布的 2019 年个人投资者状况调查报告，我国投资者知识水平提升明显，投资知识测试平均得分由 2014 年的 57.6 分逐年提升至 2018 年的 71.1 分），审计报告使用者基于自身利益更加关注审计报告质量，一个有效的审计市场需求主体正在慢慢形成。我们相信，未来我国的证券市场民事诉讼相关服务将日趋完善，投资者通过民事索赔来维护自己权益将更加方便，久悬在资本市场所有中介机构的利剑终将落下。以西方的两次审计诉讼爆炸为鉴，事务所合伙人是否会掉入“深口袋陷阱”甚至是面临无法承担的民事赔偿金额，引起了业界的广泛讨论。另外，我国现有的行业监管现实是以行政监管为主要手段，民事赔偿机制尚未得到有效的实施。一旦拥有证券从业资格证的会计师事务所（以下简称证券所）受罚次数触发相关规定，均“一刀切”地对证券所暂停执行业务，直至未来三年给招投标承接业务造成波及影响。这种类似“城门失火、殃及池鱼”甚至“连坐”意味的行政处罚方式是与合伙精神不相符的，也是不公平的。

合伙人所承担的民事责任应取决于当前社会经济环境下各团体在责任界限与利益中的博弈，何种程度的民事赔偿责任可对其产生有效的威慑效应，使其形成通过提高审计质量来规避民事赔偿责任的内在驱动更是业界及学术界对转制等一系列行业改革成效的期待。苦于在现实中还没有合伙人因虚假陈述承担民事赔偿责任的相关诉讼案例可借鉴，本书通过建立数理模型模拟审计活动中审计质量的形成过程，对在不同法律框架下民事责任与“价值”层面审计质量的关系进行分析；而“使用价值”层面的审计质量则是从审计产品的结果出发，表示为审计产品能够对各使用者造成的正面影响以及其满足各使用者的程度。本书将被审计单位的盈余管理水平作为审计产品对使用者造成的正面影响的替代变量，以实证研究的方式将“使用价值”层面合伙人民事责任对审计质量的影响加以验证，以期为相关法律制定、会计师事务所的内部治理及后续学术研究提供一定的参考。

1.1.2　研究意义

合理有效的民事责任制度安排是保护投资者权利，提高证券市场监管效率的有力手段，也是改变我国被诟病已久“重行政、轻民事”的监管制度的关键。基于此，针对在威慑效应视角下会计师事务所合伙人民事责任对审计质量的影响及其路径进行研究的意义将体现在理论和现实两个层面。

（1）本书的理论意义。

第一，丰富了有关会计师事务所民事责任的研究以及审计质量的研究。如何通过合理的制度安排来有效提升我国注册会计师行业的审计质量是新时代我国监管机构以及学术界研究的热点，本书研究从会计师事务所合伙人民事责任入手，在讨论民事责任的赔偿概率和力度将如何影响合伙人行为，对合伙人行为产生威慑效应的基础上，分析审计质量的内涵，并根据劳动价值理论将审计质量分为价值和使用价值两个层面，这可对审计质量的提升机理给出更全面更具说服力的理论解释。

第二，本书是结合审计学、犯罪经济学、运筹学的一项交叉研究，适应了学科发展综合化、社会问题复杂化及研究对象多元化的发展趋势。

第三，采用博弈论与实证结合的研究方法，对单凭观察无法得出结论的现象进行模型推演，对资本市场中各参与人的行为决策及博弈均衡结果进行了分析，以探讨在威慑效应下民事责任对审计质量“价值”层面的作用及其影响路径。再运用实证研究法将合伙人民事责任的赔偿概率和力度对“使用价值”层面的审计质量带来的变化进行检验，是威慑理论在审计领域的拓展，亦是对已有审计研究方法的一次创新尝试。

（2）本书的现实意义。

第一，通过对会计师事务所合伙人民事责任与审计质量的研究可为法律制定提供理论基础和现实数据支持，有助于提高有关法律法规的解释性、可预见性和可操作性，有助于理解各市场活动参与方在面临不同民事责任赔偿概率和力度时可能产生的不同行为，为深入推进会计工作法治化提供及时和有针对性的参考依据。同时对相关的法律制度的设计、完善与落实提供相关的意见与建议，从而推动证券市场法制化健康有序地进行。

第二，通过对在威慑效应下会计师事务所合伙人民事责任与审计质量的研究可为事务所建立内部合理的、责权利协调一致的民事责任配置机制提供支持，从而有利于遏制合伙人造假的内在动机，最终达到提高审计质量的目的。

第三，通过对在威慑效应下会计师事务所合伙人民事责任与审计质量的研究可为新时代正在进行中的“做大做强”“事务所改制”等政策持续推动提供辅助保障。

1.2　研究思路与方法

1.2.1　研究思路

本书拟采用归纳、演绎与总结等规范研究方法进行基本理论分析，然后在此基础上，借鉴劳动价值论将审计质量引申为“价值”层面与“使用价值”两个层面，其中“价值”层面的审计质量围绕着审计服务的提供过程。我们将构建会计师事务所合伙人民事责任对审计质量影响的博弈模型，通过模拟审计质量产生的过程来研究合伙人面对不同赔偿概率和力度的民事责任时可能产生的威慑效应以及其对审计质量形成过程中的影响机理。而“使用价值”层面的审计质量反应的是审计产品对使用者的正面作用，因此，我们将运用实证研究法，结合资本市场数据检验合伙人民事责任的赔偿概率和力度对“使用价值”层面的审计质量带来的变化，验证威慑效应的存在以及其对审计质量结果的影响。最后我们将针对分析和验证过程中发现的问题进行思考，并提出政策建议，以期为相关法律制定和会计师事务所的内部治理及后续学术研究提供一定的参考。

本书的总体思路如技术路线图如图 1－1 所示。

具体研究思路是：研究背景和意义──→文献综述──→历史背景逻辑推演──→理论概述──→合伙人民事责任与审计质量的机理分析──→民事责任对“价值”层面审计质量的作用的博弈论模型及分析──→民事责任对“使用价值”层面审计质量的实证分析──→研究结论和政策建议。

1.2.2　研究方法

本书将主要采用：文献研究法、比较分析法、推理演绎法、数理模型推理法及实证研究法进行研究。

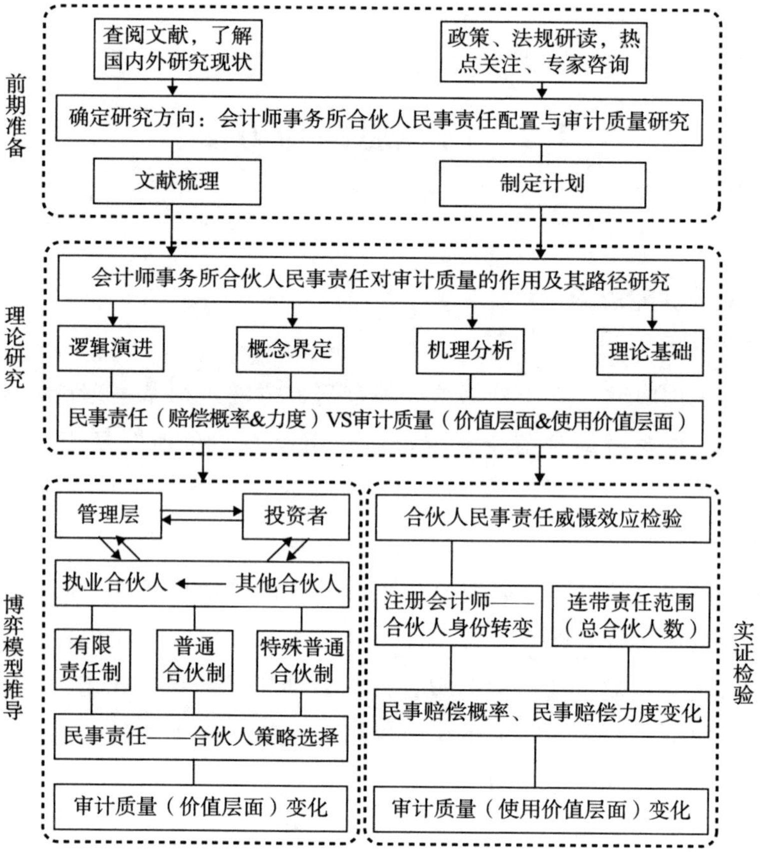

图1-1　研究技术路线图

（1）文献研究法。它将作为本书的基础研究方法，贯穿于建立研究目标、提出研究问题、搭建理论框架、设计研究方法的每一个阶段。通过对国内外学者相关文献进行搜集梳理，归纳思考已有文献在会计师事务所合伙人民事责任、合伙人行为、审计质量等相关领域的研究成果，再运用逻辑演绎和综合分析，将审计学、犯罪经济学、运筹学这三大学科有机融合，将会计师事务所合伙人民事责任对审计质量的提升机理进行理论推演，形成基础厚实的理论推论，为后续的研究设计提供有力理论依据，奠定坚实研究基础。

（2）比较分析法。首先，在研究开始前，我们将通过历史资料，对会计师事务所合伙人这一特殊群体的发展的顺序进行纵向比较，并从各种事件的关系中找到因果线索，演绎归纳造成合伙人民事责任制度现状的原因以及推测该制度未来的变化。其次后续在博弈模型的构建和分析过程中我们将以不同事务所组织框架（有限责任制、合伙制和特殊普通合伙制）作为背景，针对不同组织形式下合伙人面对的不同的民事责任赔偿概率和力度时将对其行为产生何种影响以及最终如何造成审计质量的变化进行横向比较，并进一步通过比较分析不同组织框架下，审计质量形成的过程中合伙人民事责任对“价值”层面审计质量的影响机理。

（3）演绎推理法。本书建立在威慑理论、劳动价值理论、不完全契约理论等理论基础上，系统分析会计师事务所合伙人民事责任对审计质量的作用及影响路径。根据在不同会计师事务所组织形式下合伙人民事责任的区别进行归纳和比较，运用演绎推理法来发掘会计师事务所合伙人民事责任与审计质量之间的内在关系，为后续的数理模型的构建提供指导。

（4）数理模型推理法。数理模型推理法有助于将演绎推理得出的会计师事务所合伙人民事责任对审计质量关键影响因素进行提炼聚焦。一方面使理论推理更生动直观地展现在数理模型之中。另一方面，通过对博弈模型进行演算，对资本市场中的上市公司、执业合伙人、其他合伙人及投资者四类参与人的行为决策及博弈结果进行分析，通过模拟审计质量的产生过程来分析民事责任通过合伙人行为对“价值”层面审计质量进行影响的机理。

（5）实证研究法。在实证检验部分，我们将收集资本市场的现实数据，从审计产品对使用者（被审计单位）产生的正面影响出发，以被审计单位盈余管理水平替代“使用价值”层面的审计质量，用实证的方法检验合伙人民事责任的威慑效应是否影响“使用价值”层面的审计质量。样本选择中拟以转制后的特殊普通合伙会计师事务所为研究对象，消除会计师事务所转制对合伙人之间、合伙人与签字注册会计师民事责任配置的噪音影响，力争保证样本干净。然后在国内外法学、金融学、会计学和行为经济学领域最新研究成果的基础上，结合我国的现实制度背景和项目研究目标，谨慎地设定模型与定义变量。

1.3 研究目标与内容

1.3.1 研究目标

本书的研究目标为：通过挖掘会计师事务所合伙人民事责任对审计质量的影响与路径，思考审计质量的提升机理，据此对我国会计师事务所内部治理及相关法律制定提出政策建议，并为后续学术研究提供一定的参考。

1.3.2 研究内容

本书的主要研究内容为：通过研究合伙人面临不同程度的民事责任时，民事赔偿概率和力度的不同对合伙人行为产生的威慑效应来分析会计师事务所合伙人民事责任对审计质量的影响及其路径。具体研究内容包括：

第一，聚焦于会计师事务所合伙人这一特殊的群体，对我国注册会计师行业的民事责任的发展及作用进行简要分析，明确对合伙人民事责任进行研究的重要性。随后将合伙人民事责任对审计质量的影响机理和路径进行探讨，以历史现象为启发提炼合伙人民事责任对审计质量产生影响的发生机制，并基于威慑效应下合伙人面临的不同种类民事责任时，可能产生的行为以及对审计质量的影响进行挖掘。本书基于威慑理论将合伙人民事责任细分为民事赔偿概率与民事赔偿力度两个要素，并借鉴劳动价值理论将审计质量引申为"价值"和"使用价值"两个层面。其中"价值"层面的审计质量形成于审计活动的生产过程中，是审计服务提供者凝结于审计工作的人类劳动的一种体现。而"使用价值"层面的审计质量则是从审计产品的结果出发，表示为审计产品能够对各使用者造成的正面影响以及其满足各使用者的程度。在理论分析的基础上构建会计师事务所合伙人民事责任对审计质量影响的逻辑框架，并绘制影响路径图。

第二，建立博弈模型，分析合伙人民事责任对“价值”层面审计质量的影响。具体内容包括：以不同类型的会计师事务所组织框架为背景，模拟审计质量产生的过程，根据证券市场各参与方（投资者、被审计单位管理层、项目合伙人、其他合伙人）的利益得失，建立不完全信息博弈模型，并通过对模型的层层推导，发现不同组织形式下由于合伙人民事责任对合伙人行为造成的不同程度的威慑效应及最终对审计质量“价值”层面的影响。

第三，通过实证研究验证会计师事务所合伙人民事责任对“使用价值”层面审计质量的影响。收集资本市场的现实数据，从审计产品对使用者产生的正面影响出发，以被审计单位盈余管理水平替代“使用价值”层面的审计质量，并以会计师事务所非合伙人签字注册会计师晋升到合伙人时发生的民事责任的变化作为民事责任的替代变量，借助实证研究的方法检验合伙人民事责任的威慑效应是否影响“使用价值”层面的审计质量。具体内容包括首先对命题进行演绎推理并提出具体的待检验假说，其次进行样本选择、变量定义与计量模型设定方面的研究设计，再次对描述性统计、相关性检验与多元统计回归的实证结果进行分析。

第四，得出政策建议。最终将本书结论结合目前我国的特定经济环境与制度背景对有关法律制度的设计、完善与落实提供相关的参考意见与建议，以期推动证券市场法制化健康有序地进行。

1.3.3　本书结构

本书共分为以下 8 章：

第 1 章为导论。从背景意义入手为本书研究作出铺垫，随后厘清思路、确定研究方法，阐明文章的研究目标，简述文章的研究内容和结果安排以及对文章创新和局限加以说明。

第 2 章为文献综述。本书首先将以威慑效应为文献整理思路，从民事赔偿概率与民事赔偿力度两个方面整理注册会计师民事责任与审计质量相关的文献；其次会计师事务所合伙人作为本书的重要研究对象，本书亦将梳理国内外关于会计师事务所合伙人的相关文献。在此基础上总结已有文献研究成果，进行文献述评。

第3章为逻辑演进。本书将对会计师事务所合伙人这一特殊的群体的历史逻辑演进发展作出回顾，以助我们对其内在特征和行为方式形成初步印象。随后我们将对我国注册会计师行业的民事责任的发展及作用进行简要描述，并在此基础上进行分析，突出合伙人民事责任的重要性，为后续章节进一步对合伙人民事责任与审计质量关系进行分析奠定基础。

第4章为理论概述。首先分别针对会计师事务所合伙人民事责任和审计质量进行概念描述和定义，并借鉴劳动价值理论将审计质量引申为“价值”和“使用价值”两个层面，以威慑效应为基础形成合伙人民事责任与审计质量间相互关系的层次结构，并构建概念框架图，最后阐明本书的理论借鉴意义，为后续部分提供理论铺垫。

第5章为机理分析。首先将结合历史现象分析合伙人民事责任与审计质量的关系，并以现象为启发提炼合伙人民事责任对审计质量产生影响的发生机制。接着我们拟从微观的角度，分析基于威慑效应合伙人面临的不同种类民事责任时可能产生的行为以及对“价值”和“使用价值”两个层面审计质量的影响，并绘制影响路径图。

第6章为博弈模型的构建与分析。分别以普通合伙制、有限责任制和特殊普通合伙制为背景的会计师事务所合伙人民事责任与“价值”层面审计质量的关系进行深入分析。借助演绎推理法与数理模型推理法，模拟审计质量的形成过程建立证券市场各参与方（投资者、被审计单位管理层、项目合伙人、其他合伙人）的不完全信息博弈模型，阐明在不同民事责任法律框架下，合伙人民事责任对“价值”层面审计质量的影响。

第7章为会计师事务所合伙人民事责任与“使用价值”层面审计质量的实证检验。从审计产品对使用者产生的正面影响出发，以被审计单位盈余管理水平替代“使用价值”层面的审计质量，用实证的方法检验合伙人民事责任的威慑效应是否影响“使用价值”层面的审计质量。具体分为以下步骤：第一步，对命题进行演绎推理并提出具体的待检验假说；第二步，结合可获得数据进行研究设计，选择样本和定义变量；第三步，得出并分析实证结果；

第四步，作出稳健性检验。

第 8 章为总结全书。根据理论推导、模型演绎及实证检验得出研究结论并进一步提出政策建议。

1.4 研究创新与局限

1.4.1 研究创新

相较于国内、国外同类文献，本书的创新之处在于：

(1) 研究视角创新。第一，与大多数围绕注册会计师个人或事务所层面的研究不同，我们聚焦的是会计师事务所合伙人这一特殊主体。因为会计师事务所合伙人既是事务所的所有者、执业者、监督者与管理者，又是法律责任的主要承担者，决定着事务所的审计质量和运营方向。建立以合伙人为主要责任主体的民事责任机制，可更为精准地处罚责任人，不但能对在执业和监管都处于重要作用的合伙人产生有效威慑，使其更加重视审计质量，也不会因过度波及事务所其他无辜人员带来行业内部的大变动，最终影响整体审计市场的秩序。如何建立有效的民事责任制度来促使他们提高审计质量，恢复证券市场各参与者之间的利益均衡既是社会公众的期待，也是学者们和业界迫在眉睫需要解决的问题。第二，为了更全面地论证会计师事务所合伙人民事责任对审计质量的影响，本书借鉴劳动价值理论将审计质量引申为“价值”和“使用价值”两个层面，“价值”层面的审计质量形成于审计活动的生产过程中，是审计服务提供者凝结于审计工作的人类劳动的一种体现。文章通过建立数理模型模拟审计活动中审计质量的形成过程，对民事责任与“价值”层面审计质量的关系进行分析。另外，“使用价值”层面的审计质量则是从审计产品的结果出发，表示为审计产品能够对各使用者造成的正面影响以及其满足各审计服务使用者的程度。根据审计产品的结果，文章收集数据以实证研究的方式验证了在“使用价值”层面合伙人民事责任对审计质量的影响。将两个层面结论相结合，可使所取得结论更为全面。

（2）观点创新。本书提出的主要创新观点如下：第一，利用“圈子”建立合伙人之间的联保制度，缓解特殊普通合伙制下合伙人之间利益不一致所带来的负面影响。在民事责任的威慑效应下在特殊普通合伙制会计师事务所中合伙人在对自身行为进行成本收益分析后，更倾向于采取只会让他们承担有限责任的行为。因此，部分合伙人不再愿意向其他人提供帮助，尤其不愿意对审计失败风险较大的新晋合伙人负责的项目伸出援手，以避免卷入可能发生的审计失败案例中，这使新晋合伙人无法得到指导和帮助，最终导致非合伙人签字注册会计师升任合伙人事件中，新晋合伙人民事责任的增加对审计质量的促进作用被弱化。利用“圈子”建立合伙人之间的联保制度，可缓解这一负面影响。第二，针对诉讼成本对民事责任威慑效应作用的影响，本书提出了大力发展投资者保护机构，适当引入团体诉讼制度，以法务会计鉴定报告替代行政处罚前置程序的观点。第三，针对民事责任威慑效应有效实施，本书提出了参考担保公司的运营模式，披露会计师事务所的赔偿能力，使之成为审计质量的信号传递机制的有机组成部分的观点。

（3）模型创新。基于不完全契约理论，本书建立了会计师事务所合伙人民事责任、合伙人行为与审计质量的四阶段动态博弈模型。运用博弈论分析方法，揭示了资本市场各参与方的行为决策及博弈均衡结果，以探讨在不同会计师事务所组织形式下，合伙人民事责任在审计活动过程中对审计质量的影响机理。

1.4.2 研究局限性

由于本书视角新颖，可参考的文献较为有限，在通过理论推导时，很大程度上需要在原有基础上进行创新思考，非常具有挑战性，且由于我国民事法律责任，在一定程度上具有不确定性，实施过程中存在“起诉不立案、立案不审判、审判不宣判、宣判不执行”的现象，在进行研究设计时无法与事实一一吻合，另外由于篇幅限制，数据的可获得性及个人能力等原因，本书存在如下不足及局限：

（1）在博弈模型分析部分。由于博弈模型的建立是在现实基础上的抽象，无法与现实完全吻合。其最主要的局限在于：第一，威慑理论要求在法律制度具有一定确定性的基础上，各市场参与方可对预期民事赔偿概率和力度进行估算，而在我国有关法律对有限责任制及合伙制会计师事务所民事责任配置并不十分明确，且又无相关事实案例作为借鉴的情况下，本模型的设定在一定程度上是依据现有法律进行的推测，因此具有一定的局限性。第二，在计算合伙人收益时采用的是从其客户获得的总费用为基准，而事实上在我国事务所薪酬分配制度由其利润分成协议决定，属于事务所私密信息无法获取，仅用自己的审计项目所得计算自身收益意味着合伙人更关注自己的客户，而不关心同一公司其他合伙人的客户。这将促使合伙人将审计定价低于公司进行审计的总成本，因为公司的总成本包括对公司法律责任的预期成本以及来自其他合伙人的合作和监测努力的成本（Liu & Simunic，2005），也可能会降低合伙人内部相互监督的动机。因此博弈推论的结果因各事务所薪酬分配制度尚未可知，亦无法获取，会与现实存在偏差。

（2）在实证分析部分。首先，由于审计产品使用者既包括了被审计单位，又包括了投资者等市场中的其他信息使用者，因此以被审计单位的盈余管理水平作为审计产品对使用者造成的正面影响的替代变量，只能部分代表“使用价值”层面的审计质量。其次，在收集2014—2018年签字注册会计师是否为合伙人的身份信息时，由于部分年度事务所报备数据的缺失，40家获得证券从业资格的特殊普通合伙制事务所中，有6所合伙人身份信息存在疏漏，为确保数据准确性，在样本中剔除该6所（中审华会计师事务所、立信中联会计师事务所、四川华信集团会计师事务所、山东和信会计师事务所、天健会计师事务所、立信会计师事务所），因此，部分样本的缺失不可避免地对结论得出带来一定的局限。

第2章 文献综述

威慑效应来源于学者们对法律进行的经济学分析。早在1764年意大利学者贝卡利亚（Beccaria）对犯罪现象和犯罪者所受到的惩罚之间的关系进行了探讨，提出了刑罚具有威慑效应的简单构想。他认为如果个人能从越轨行为中获取好处，就会增加犯罪的动力。因此为了减少犯罪，应通过外在监管增加其实施越轨行为的阻力，而刑罚的目的在于威慑犯罪。随后杰里米·边沁（Bentham，1789）用成本收益分析了惩罚应具有目的性，强调了惩罚应具备威慑功能。贝克尔（Becker，1968）将新古典经济学的方法运用于犯罪和惩罚的分析上，通过数理模型的构建得出以下主要结论：第一，犯罪是犯罪者为实现自身利益最大化，经过成本收益衡量之后所作出的理性选择行为。第二，犯罪者的预期成本由被惩罚的概率与惩罚的严厉程度之乘积决定。第三，当其他条件不变时，惩罚概率越大，惩罚严厉程度越重，犯罪越少。第四，惩罚概率和惩罚严厉程度的差异对犯罪者行为呈现出不同的威慑效应。为了对Becker的观点进行检验，学者们开展了大量关于威慑效应的实证研究，且相关研究不仅在个人数据（Witte，1980）和总体数据（Trumbull，1989）层面；而且在不同地域（Mathur，1978）和国家（Entorf & Spengler，2000；Imrohoroglu et al.，2006）层面均得出了惩罚概率和惩罚的严厉程度的提高可产生威慑效应的结论。

法律是维护市场经济秩序的重要保障，法律责任的惩罚概率和惩罚严厉程度的差异对不同市场参与者行为呈现出不同的威慑效应，威慑效应使市场参与者的行为受到法律的调节和约束。会计师事务所及其合伙人作为市场参与者，在不同的威慑效应下其行为亦会有所不同，由于审计师对个人法律责任风险的判定及关注程度会影响审计师在执业过程中的质量，因此，提高审计师法律责任的判定能力和风险关注度有利于审计质量的提高（崔云和唐雪松，2015）。民事责任作为现代社会中最常见的法律责任形态，主要是通过补偿受害人的损失、满足受害人的正当利益和剥夺不法行为人的不法利益来恢复主体间的公平与正义（彭真明，2008）。它不仅能补偿投资者损失，强制相关人士履行职业责任，威慑潜在当事人的不法动机，还能强化投资者维权意识，维护证券市场的信任机制，是西方国家对证券市场实施监管的最重要手段（奥赖利等，2007）。尤其是在证券市场相对成熟的美国，沉重的民事责任风险和诉讼成本促使审计师行为更为谨慎（kotharietal，1988；Basu，1998；Rothenberg，2018），审计质量主要是依靠高民事责任风险来保证的。反观我国，长久以来，由于我国特有的经济制度环境使证券市场监管呈现行政处罚为主，民事赔偿机制效果甚微的特点，而我国证券市场的民事责任制度广受诟病，在我国尚不完善的法律制度及文化传统的影响下，审计师鲜有因虚假陈述行为被提起民事诉讼，而即使审计师被提起诉讼其被判承担民事赔偿责任的情况亦鲜有发生（刘笑霞，2013）。民事诉讼既不能充分体现法律的威慑效应和经济救济功能的同时，也不能达到利用公众监督这一低成本高效率的手段达到提高审计质量的效果。

审计作为一种职业，社会创造价值是其存在的目的，而审计质量的高低是社会价值多少的决定因素。审计质量不仅关乎审计职业的社会认同，更是建立我国市场经济基本秩序、实现有限社会资源合理配置的微观条件。因此，对审计质量的研究，是中外学者及监管部门持久关注和研究的热点。本书对基于威慑效应视角对会计师事务所合伙人民事责任的研究，生根于我国证券市场中注册会计师事务所相关的法律责任制度，落足于对审计质量的提高。基于聚焦本书研究主题及契合本书研究内容的考虑，本书将已有文献依据威慑效应的产生机理作为逻辑基础，从民事赔偿概率（承担民事赔偿责任的可能），民事赔偿力度（承担民事赔偿责任的多少）两部分对文献进行梳理。具体分析框架如图 2 - 1 所示。

另外，鉴于合伙人始终处于控制事务所的审计风险、保护利益相关者产权的核心地位，是注册会计师民事责任承担者，是本书的主要研究对象，因此在文献综述第三部分本书将对会计师事务所合伙人相关的文献进行梳理，

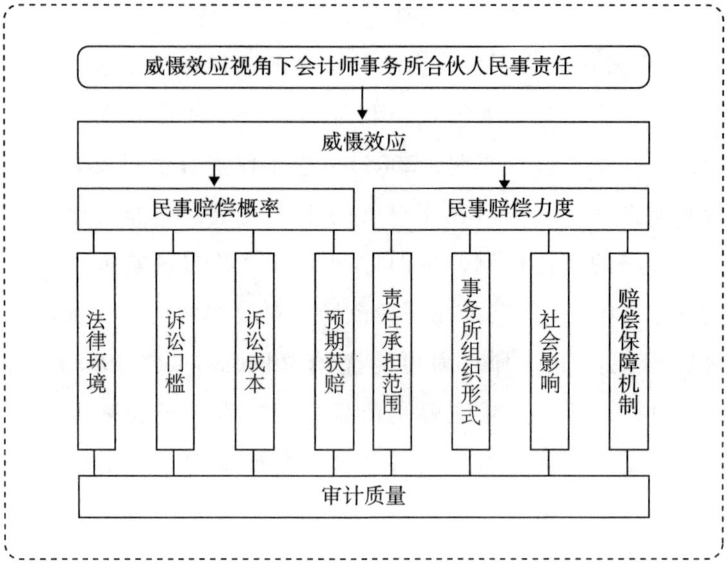

图 2-1 文献整理思路 1

并从合伙人个人特质、外在动机及事务所治理三个维度进行归纳分析，具体分析框架如图 2-2 所示。

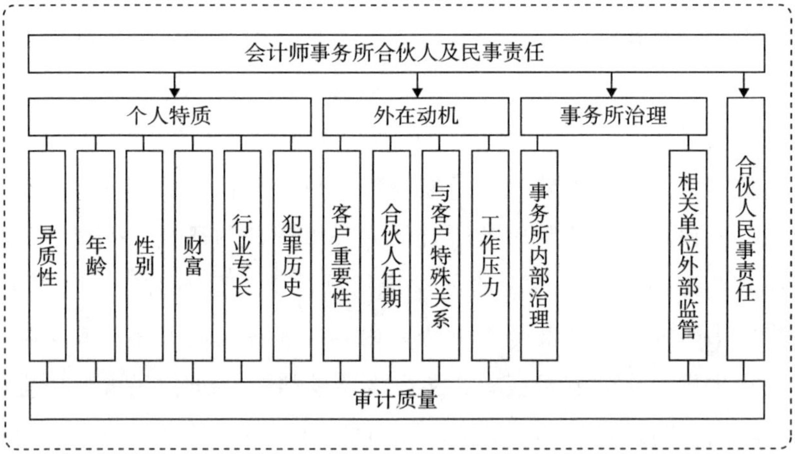

图 2-2 文献整理思路 2

2.1　注册会计师民事赔偿概率与审计质量的相关研究

学者们通过一系列实验研究和实证研究，思考了注册会计师被民事赔偿概率与审计质量的关系，法律环境奠定了一个地域或一段时期的民事赔偿概率的基调，无论是注册会计师还是被审计单位在面对不同法律环境时都会有不同的行为选择；民事诉讼门槛是我国特有的制度安排，极大地减少了我国注册会计师被民事诉讼惩罚的概率因而被学者们广泛讨论；民事诉讼成本对请求权主体是否提起诉讼产生了关键作用。下面我们将从这三个方面来详细梳理学者们的研究成果。

2.1.1　法律环境与审计质量的相关研究

（1）根据不同地域的横向对比来观察法律环境对审计质量的影响。弗朗西斯等（Francis et al.，2016）发现，不同的法律环境使上市公司在进行盈余管理时选择不同的策略。迪维亚等（Divya et al.，2016）研究美国的各州不同的民事责任制度如何影响审计师的报告决策，比较了不同州审计人员在多大程度上可以为第三方承担过失责任以及在多个被告之间分配责任的规则。刘峰等（2002）通过当时“国际五大”在我国的执业情况发现，在会计师事务所预见没有法律风险或是法律风险极低时，即便是已有良好声誉和良好执业能力的国际五大会计师事务所亦会通过减少投入、降低成本的方式来降低已有审计质量。刘笑霞（2013）发现，在法律环境较好的地区，事务所在受罚之后的收费显著高于受罚之前。她认为其原因在于审计师在受处罚后可能会努力提高审计质量以修复声誉，而这将导致审计成本的增加。叶建芳等（2010）发现，一国（地区）法律渊源影响了投资者保护程度，进而对股票市场整体审计质量产生重要影响。张俊明等（2017）对比法制环境建设水平较高的地区与法制环境建设水平较差的地区的事务所转制情况发现，在发达地区事务所转制后公司的审计收费风险溢价显著增加，而欠发达地区无显著变化，说明法律环境建设水平对增加转制对审计保险价值影响显著。

（2）政策的变化给法律环境带来的改变给予了学者们纵向比较审计质量的契机。盖格尔等（Geiger et al.，2005）、诺勒（Nogler，2008）、梅耶斯等（Myers et al.，2013）在对“丑闻”审计事件曝光后的研究中发现，在“丑闻”事件发生后，审计师出具保留意见的审计报告比重明显增多。德丰和雷诺克斯（DeFond & Lennox，2011）同样以审计“丑闻”事件为背景，研究审计市场在“丑闻”发生后的重构情况，结果显示，美国在“丑闻”事件后有600多家小事务所退出审计市场，退出后客户从继任审计师那里得到了质量更高的审计服务。

赵国宇和王善平（2008）发现，有关于虚假陈述民事诉讼的司法解释由最高人民法院发布后对审计质量的提升有着明显的促进作用。詹群（2009）通过对《最高人民法院关于审理涉及会计师事务所在审计业务活动中民事侵权赔偿案件的若干规定》颁布前后对审计质量影响比较后发现，促进审计师提高审计质量或审计独立性以及增强注册会计师法律风险意识不能通过法律责任加重的方式进行。

在近期的研究中，学者们发现法律环境对审计质量的影响应结合审计标准综合衡量，在审计标准和法律制度更好地结合的国家，审计质量将更接近最佳水平。例如在加拿大，ISA可以产生一流的审计质量，而在法律诉讼体系完善的国家如美国，采用ISA可能会降低该国的审计质量和审计价值。相反，中国等法律体系薄弱的国家即使采用ISA作为国内标准，也无法提高平均审计质量（Simunic，2017）。民事责任判定中，欺诈责任的判定建立在审计师动机基础上，因此较难判定。而过失责任规则则依赖于审计标准，当过失侵权行为标准宽松、损害程度较低时，较低的法律责任风险削弱了审计人员的声誉激励机制，使审计质量降低。当标准严格时，法律责任会加强声誉激励，导致审计工作增加（Rothenberg，2018）。

2.1.2 民事诉讼门槛的相关研究

多数学者认为行政、刑事责任前置使民事案件的受理门槛过高，限制了当事人应有的民事权利（侯梦斐，2016），是阻碍投资者获得赔偿的主要因素（殷洁，2003；陈朝阳，2003；陈岱松，2009），也是限制民事责任机制生效，对企业管理层及相关中介机构（会计师事务所）产生威慑效应的主要因素。法院只有在对行为人确认了举证标准较高的行政责任或刑事责任后才能追究其举证标准较低的民事责任，因此存在逻辑上的缺陷（缪因知，2017）。另外行政处罚程序耗时长，使侵害股东权益的行为人有充分的时间转移违法所得和资产，被害人即使申诉也面临无法得到实际赔偿的后果（李娟，2015）。李翔（2018）认为，前置程序是基于我国证券市场和市场侵权民事法律制度的现状，根据司法实践需要设置的，取消前置程序将造成案件暴增。我国证券市场仍处于转轨时期，需要循序渐进地解决问题。

有学者通过对现实案例的梳理发现，诉讼门槛并非限制民事责任机制生效的主要因素。徐文鸣（2017）对通过大量判决结果的数据分析表明，在现阶段限制我国投资者请求损害赔偿的主要因素并不是管辖法院的效率水平和行政前置程序（Benjamin 等，2008）。更近的调研进一步证实了实际参与诉讼的投资者很少，甚至只占符合索赔条件的投资者总数的5%。2002—2011 年，符合行政处罚前置条件的案件有 253 个，但已诉案件只有 65 个（黄辉，2013）。

2.1.3　民事诉讼成本的相关研究

注册会计师民事责任的风险与请求权主体的诉讼成本紧密相连，在许多诉讼案件中，通常呈现单一个人损失偏低、被害人人数众多且分布广泛等特点。因此，出于诉讼成本考虑，很多损失偏低的受害人很有可能放弃诉讼的权利，只有极少数损失较大的受害者才有动力行使诉讼的权利（章武生，2017）。伯纳德（Bernard，1990）在股东诉讼案中发现，大股东具有充足的激励提出诉讼，而小股东由于诉讼成本与收益不匹配，容易陷入集体行动困境，所以解决小股东诉讼利益问题并不能依靠“强激励的”（High - powered）私人执行机制，关键在于如何转化并降低单个投资者获得损害赔偿的成本（徐文鸣，2017）。建立风险代理制度可以激励律师大胆尝试败诉不收费的证券代表人诉讼，降低中小股东诉讼成本，激励他们诉讼的决心（石媛，2012）。

2.2 注册会计师民事责任民事赔偿力度与审计质量的相关研究

会计领域的学者们对民事赔偿力度与审计质量的观点有着不同的意见。一些学者认为，处罚必须严厉才能带来审计质量的提高。注册会计师面临的民事责任合约安排中违约成本大于由此带来的收益时，才能驱动注册会计师确保高质量的审计（吴伟荣和刘亚伟，2015），加大法律民事赔偿力度有利于审计质量的提高（Venkataraman et al.，2008；刘启亮等，2015）。金（King，1999）发现注册会计师的审计质量与法律处罚力度成正比关系。法特斯（Fafatas，2010）利用1996—2004年针对“四大”的重大诉讼事件的研究发现，惩戒是否有助于提高审计质量，与法律制度的严厉程度有关。王爱国和尚兆燕（2010）发现，随着法律惩戒力度增强，会计师出具保留意见及带解释段的无保留意见的数量增加异常，与此同时，也增加了显示变通审计意见的可能性。

更多学者认为适度增加注册会计师的法律责任会带来审计质量的提高，但并不意味着处罚越严格越好。法律责任的激励效应存在一个临界点。李若山（2002）认为，保护及法律惩戒得过重有可能会导致极端情况的出现，保护过重可能会损害审计使用者的利益，而过于惩戒将会打击审计行业本身。周恺（2013）发现虽然法律责任与审计质量具有一定的关联关系，但并非正比关系，例如，当会计师赔偿责任过重时，有可能会造成会计师的退出，影响整个行业，甚至是资本市场。柴野（Shibano，1995）认为社会最佳投资规模和审计质量需要适度设定审计师的法律责任，否则将会导致社会非最佳的投资不足行为或过度投资行为。德雷克（Derek，1998）以1995年私人证券诉讼改革法前后，比较了比例责任取代连带责任后的经济后果发现，尽管比例责任减少了审计师的民事赔偿力度，但是随之降低的还有诉讼概率、诉讼成本和审计费用，最终增加了整体的社会福利。雷光勇和曹建（2008）通过实证研究发现审计失败与社会最佳投资规模之间存在此消彼长的关系，因此需要对两者的权衡作出选择。

司法领域的学者更关注的是如何规定注册会计师民事责任承担范围。注册会计师民事责任承担范围取决于审计报告虚假陈述民事责任的归责原则。学者们的主要观点存在争议。首先从保护中小股东的权益出发，应采取无过错责任原则。因为中小股东的权益受损与审计质量直接相关，注册会计师在审计过程中必须承担其相应的法律责任，否则将没有存在的意义（周兰，2013）。然而更多学者认为应采用过错推定原则。李明辉（2005）认为，注册会计师可以通过举证的方式来为自己免责。蒋尧明（2009）认为，若投资者能够通过举证的方式证明其损失是因为虚假审计报告，同时提供审计报告的注册会计师不能举证其没有过错，那么注册会计师将承担相应的法律责任。翁晓健（2011）认为，过错推定原则实际上是一种对投资者更为保护的原则。付娟（2012）认为，过错推定原则适用于注册会计师的民事责任归责，并且可根据请求权主体的细分完善归责原则。吴彩莲（2007）发现争议的来源在于各方代表的利益博弈，由于过错推定原则更为保护投资者，因而被司法界所采用，而在审计界则希望采用一般过错原则。张蕊和谢盛纹（2002）认为，由于注册会计师牵扯的民事责任案件的审理较为复杂，同时具有较强的专业性，需要成立专门的鉴定委员会对案件进行鉴定，其鉴定同样具有法定效力。

2.2.1　注册会计师民事责任配置机制与审计质量的相关研究

如何将民事责任在各主体间进行公平、有效、可行的配置是惩罚机制发挥作用并最终达到提高审计质量的关键。其中会计师事务所的组织形式决定了会计师事务所在与其他交易方进行交易时所承担的法律责任和义务（陈汉文等，2003）。事务所内部合伙人的民事责任配置机制是将法律责任落实到审计业务的具体实施者和负责人合伙人，从根本上提高审计报告的供给质量的关键（蒋尧明，2014）。学者对会计师事务所组织形式的相关研究可分为不同组织形式的横向比较和基于组织形式转变的纵向比较。

（1）不同组织形式的横向比较。注册会计师民事责任的配置机制首先是由该事务所的组织形式决定的，根据组织形式的不同，注册会计师（合伙人）

可能承担的民事法律责任存在巨大的差异。因此，事务所组织形式决定了合伙人提供高质量审计的内在驱动，而关于会计师事务所组织形式对审计质量的影响，学者们的结论并不一致。

程等（Chen et al.，2010a）对2000—2004年中国上市公司的数据研究后发现，有限责任制事务所与无限制责任合伙人在报表舞弊方面差异明显，前者发生舞弊的可能性高于后者，且这种差异在法律环境更强的省份更明显。费斯（Firth，2012）发现无限责任合伙人制与有限责任公司制相比，在出具审计意见时更为谨慎。逯颖（2008）也得出相同结论，但刘斌等（2011）却得出有限责任合伙人制更能提供优质的审计报告。

另一部分学者认为，事务所组织形式对审计质量产生影响，与其他社会经济因素密切相关。余玉苗等（2003）应用不完全契约理论指出审计失衡与职业环境是审计质量低下的根本原因，而有限责任不能解释全部的审计质量低下的问题。漆江娜等（2004）认为不完善的资本市场现状比组织形式更容易导致审计失败。张栋（2009）发现无论是合伙制还是有限责任制，审计质量其实并不存在重大差异。原红旗和李海建（2003）认为，公司特有的财务特征是影响审计报告质量的关键因素，而组织形式及组织规模的大小对审计质量的影响并不明显。许玉婷（2013）发现与英美等具有高诉讼风险的国家不同，在我国即使组织形式转变了，对审计质量也难以有较为明显的冲击作用。

特殊普通合伙制来源于美国的有限责任合伙制，它通常被认为是普通合伙制与公司制的结合，它既消除了“株连九族”的封建残余，又秉承了“权责对等”的现代文明，被认为是我国现阶段合伙制改革的理性选择（Ku He，2015；黄洁莉，2010）。特殊普通合伙制下的连带责任追究机制相对于有限责任制而言会使合伙人在审计失败时可能承担更多的法律责任（蒋尧明和唐衍军，2015），同时还可以解决因为风险约束机制或规模化经营所带来的问题（乔彦军，2008）。陈少青（2013）发现特殊普通合伙制相对于有限责任制具有一定的优势，其中包括它可以突破有限责任制对会计师事务所规模的限制，是事务所扩大规模，获得更多的规模效益的有效方式。刘启亮和陈汉文（2012）发现特殊普通合伙制可以有效提高审计质量。因此，市场对于该组织制度下的审计需求更为强烈。

另外，特殊普通合伙会计师事务所并不是合伙人们的防风港与避难所。为了“做大做强”，将其他组织形式的会计师事务所转制为特殊普通合伙制后，有可能会出现合伙人不作为的情况，作为理性的经济人，合伙人很有可能会为了避免因其他合伙人的过错而承担连带责任，从而采取消极监督甚至不再愿意监督的情况，这样一来会在事务所内部形成以个人利益为重的小圈子，并不利于事务所的长远发展（蒋尧明，2014）。特殊普通合伙会计师事务所加大了合伙交易相对人的风险，增加了司法审判成本，导致合伙人内部利益冲突复杂化（张连起，2011）。另外由于特殊普通合伙会计师事务所的资本很少，加上合伙人之间可能存在财产不透明的情况，导致特殊普通合伙会计师事务被强制破产清算或解散的风险概率升高（秦荣生，2010）。

（2）基于组织形式转变的纵向比较。国外基于事务所组织形式转变的研究有：正如（Muzatko，2004）认为，导致审计质量下降的原因之一在于事务所组织形式的转变，例如，由普通合伙制转变为有限责任合伙，会导致可用于支付诉讼的资产减少，这样一来合伙人被监督的成本降低，从而导致审计质量的下降。雷诺克斯等（Lennox et al.，2012）发现，虽然事务所会因为规模的增加或诉讼风险的增加而选择由无限责任转变为有限责任合伙，但转制后并没有发现事务所的审计质量下降，市场份额及审计收费也没因此而发生变化，但是事务所更愿意选择风险更大的客户作为自己的目标客户。吕鹏等（2005）以买方市场作为前提条件发现，即使通过转制的方式将注册会计师所承担的法律责任由有限责任制转变为无限责任制，也并不能优化审计质量。费斯等（Firth et al.，2012）对 2000—2004 年中国上市公司的数据研究后发现，由于无限责任对合伙人更具约束力，无限责任合伙人在出具清洁审计意见方面比有限责任审计师更为稳健，所以当会计师事务所由合伙制转变为有限责任制后，出具标准审计报告的概率会升高，从而影响审计质量。何（He，2017）采用自然实验发现，转制后审计人员更有可能出具非无保留意见、抑制客户盈余管理、提高审计费用等方式来应对更高的法律风险，且被审计单位的股票价格对改革事件产生了积极的反应。特殊普通合伙制的采用提高了审计的整体价值。

2010 年，财政部和国家工商行政管理总局联合发布了《关于推动大中型会计师事务所采用特殊普通合伙组织形式的暂行规定》，此后我国大中型会计师事务所纷纷开始转制，转制政策已成为我国注册会计师行业近年来规模最大、影响最深远的政策之一。随着转制政策的推广和深入，我国大中型事务所及其合伙人民事责任的承担格局随之改变，这为研究在不同法律风险体系下审计质量将产生何等差异提供了优质的土壤，转制前后产生了大量现实数据，吸引了国内外学者收集分析。而在转制政策的社会经济效应分析上学者们未能得出统一的结论。

转制的积极影响包括：从有限责任到有限责任合伙关系的转变，对被审计公司的可操纵性应计利润的绝对价值产生了重大的负面影响（Wang & Dou，2015）。张俊明等（2017）认为事务所转制有利于提高审计的保险价值，从而提高审计师的风险意识。而闫焕明等（2015）发现在事务所转制后，虽然整体的审计收费并未变化，但高法律诉讼风险的审计费用的占比却显著增加了。较之有限责任制，特殊普通合伙制会计师事务所的整体运营效率较高，且会计师事务所转制后运营效率较转制前有较大提升（许汉友等，2017）；事务所通过转制可以显著改善审计师变更与股价崩盘风险的关系，且这种积极治理作用在审计师降级变更的股价崩盘风险中更明显。此外，分所审计师变更相对于总所而言，其事务所转制的政策效应在股价崩盘风险中更能起到积极作用。同时，事务所转制可以加强法律监管以改善上市公司审计报告的信息披露质量，有利于发挥资本市场稳定器的作用来保护投资者（耀友福等，2017）。王春飞和陆正飞（2014）通过股价正向变动发现转制能有效提高审计保险价值，原理在于事务所改制提高了审计师的法律责任，从而为公司股票注入了保险价值。

也有学者表示转制的影响具有一定局限性。韩维芳（2016）发现转制后的小型会计师事务所中审计质量的改善要优于大型会计师事务所，因为大所合伙人出于声誉而约束自己保持较高的审计质量，而小所可改善的空间更大，导致提升审计质量的效果更为明显。丁利（2013）通过对2009—2011年已转制事务所审计后的A股上市公司的数据进行分析，发现由于我国立法不够完善、转制时间等问题，导致转制后审计质量并未得到显著提高。陈永凤和吴青川（2014）通过对部分完成改制的事务所的研究，也得出同样的结论。刘行健和王开田（2014）通过对 2011—2012 年完成转制的事务所的研究发现，“国际四大”及国内部分大所在转制前后两年内，其审计的上市公司正向盈余管理幅度并不存在显著差异，其原因在于会计师事务所会因为转制而在法律风险层面提前作出了应对，审计质量已得到一定程度上的提高，导致可提升的空间收窄。秦荣生（2010）认为若寄希望于特殊普通合伙会计师事务所模式来保护债权人和公众的利益，必须建立我国注册会计师行业执业风险基金制度和完善职业责任保险制度。

（3）会计师事务所内部民事责任配置机制相关研究。彭真明（2008）认为会计师只能以会计师事务所名义执行业务，所以尽管因为会计师的过失而导致委托人或其他利害关系人遭受损失，会计师本身并不对受害人承担责任，而由会计师事务所承担此种损害赔偿责任，之后应由会计师事务所再去追究会计师的法律责任。这种内部责任论与专家责任的性质不符，也违反了民事法律责任的基本理论。会计师民事责任的承担主体应为会计师事务所和具有执业过失的会计师，两者承担的是一种连带责任。

蒋尧明（2013，2014）通过梳理各国证券法的有关规定，系统地研究了我国特殊普通合伙制会计师事务所在民事责任配置方面的内容。他认为建立会计师事务所内部合理的、责权利协调一致的民事责任配置机制，可以有效遏制合伙人的造假动机，从根本上提高审计报告的供给质量。蒋煦涵和谢盛纹（2016）按出资合伙人、管理合伙人、受薪合伙人进行细分，认为特殊普通合伙制会计师事务所内部最主要的利益相关者需要具体权利与义务相匹配。

2.2.2 注册会计师民事责任赔偿保障机制的相关研究

蒋尧明（2004，2005）认为，为了更好地落实民事责任赔偿，可通过建立责任保险制度、职业风险基金以及筹建行业共同赔偿基金的方式，开展联合赔偿计划，甚至可以通过建立国家行政罚款、刑事罚款、财政回拨等方式约束责任人的行为。另外，赵晓均（2017）提出在对投资者提供民事救济时，不应仅拘泥于填补投资者遭受的实际损失，而是更关注案件中投资者内心的真实意图。因此建议将香港证券市场的恢复原状令作为民事责任的另一种承担方式。蒋尧明（2012）对特殊普通合伙制会计师事务所民事责任的保障机制问题进行了研究。研究表明，可以通过提高实物资本的比重、提高事务所的注册资本下限以及建立和完善职业风险基金制度等办法来保障落实民事赔偿，并且还需要根据“做大做强”等政策的现实需要，相应地调节保障制度。

彭志国和张庆龙（2013）创新地提出在合伙制会计师事务所里的合伙人可以实行特殊险，特殊险主要是参考美国的模式，例如“忠实保证险”，它是一个由包括合伙人、注册会计师、各职员在内的供聘用人员共同购买，以防止出现在法律层面不能确认执业注册会计师个人的民事责任的情况，以此保障会计师事务所的利益。

2.3 会计师事务所合伙人及民事责任对审计质量影响的相关研究

审计团队作为审计业务的具体实施者对于审计质量有着重要影响，而合伙人和其他管理层对审计工作的计划和实施，对审计业务本身的专业性和质疑精神以及对被审计单位及其所处行业的执业经验等都会影响到审计质量。在现实的审计项目中，合伙人最开始判断是否承接该项审计业务，到审计过程中每个重要决策的制定，都能决定最终出具的审计报告，因此，合伙人因素对审计质量的影响甚至比被审计单位及事务所因素更为重要（Zerni，2012；Knechel et al.，2015；Downey & Bedard，2018）。随着国外学术界近年开展对会计师事务所合伙人研究的蓬勃发展，其丰富的研究成果直接促成了美国公众公司会计监督委员会（PCAOB）3211 法令的颁布。法令规定 2017 年 1 月 31 日后审计报告都需要披露合伙人签名。基于此法令，会计师事务所合伙人个人对审计质量影响相关研究将在相当一段时间内成为国内外学术界及实务界持续研究的热点。通过对文献的梳理，本节将从合伙人个人特质、外在动机及事务所治理三个维度进行归纳分析。

2.3.1 会计师事务所合伙人个人特质对审计质量影响的相关研究

(1) 会计师事务所合伙人个人特质的异质性是否会对审计质量造成影响。针对这一命题已有文献主要采取了固定效应法和过往审计风格法进行测试。研究提供了一致的证据证明合伙人个人的异质性会对审计质量造成影响。

第一，固定效应法。用模型测试合伙人固定效应来解释合伙人审计质量的不同。

古尔等（Gul et al.，2013）根据不同审计项目合伙人的变更来收集样本，包括合伙人审计了至少两个客户（以使合伙人的固定效果和客户固定效果单独评估）；及合伙人对客户进行了至少 3 年的审计，并且至少有 3 年的时间合伙人没有对客户进行审计。因此，样本中的每个合伙人都最少有六个观察值和两个客户。在控制了客户固定效应、年固定效应、事务所固定效应、审计办公室固定效应和客户的年变化特征之后，吉尔（Gul）通过测试合伙人的固定效应对审计质量的影响发现其关系是显著递增的。因此，吉尔（Gul）得出了合伙人个人的审计质量是不同的结论。随后凯美蓝等（Cameran et al.，2016）用了同样的固定效应法来测试合伙人个人的异质性。他使用的模型是基于盈余质量、可持续经验审计意见和审计收费建立的。他发现合伙人固定效应对审计质量的解释比事务所固定效应及审计办公室固定效应更为突出。同时通过不同国家的对比，他也发现合伙人固定效应在英国比中国解释性更强。阿波迪尔（Aobdia，2015）测试了撇开事务所的印记，合伙人个人信息的价值对市场参与者的影响。他使用中国台湾的数据，将操纵性应计利润和合伙人固定效应、事务所固定效应、客户固定效应、年固定效应和一系列事件控制变量做了回归。他们将单个合伙人固定效应算作合伙人质量，并得出如下结论：合伙人质量与客户收益反应系数正相关；当事务所将低质量合伙人替换为高质量合伙人时出现了正面的市场反应；高质量合伙人与 IPO 定价较低和债务合同条款更优惠有关。因此，他建议市场参与者更加重视合伙人个人身份。

第二，过往审计风格法。测试一个合伙人的过往审计质量是否可以预示其未来的审计质量。

克内克尔等（Knechel et al.，2015）使用了合伙人第一次发布持续经营不确定性审计意见来将合伙人报告风格分为保守型和激进型。保守型表示为该合伙人 T－1 年出具了持续经营不确定性审计意见，但该公司 12 个月后依然营业的公司累计数量除以截止到 T＝1 年底所有该合伙人审计过的未破产的公司总数。相反，激进型可以测量为该合伙人累计未出具持续经营不确定性审计意见，但 12 个月内破产了的公司数量除以该合伙人截止到 T＝1 年底时所有的已破产的公司数量。通过数据分析，他们发现统一合伙人保守（激进）报告错误预示着持续的保守（激进）报告错误，并且一个合伙人的个人风格会在不同客户身上延续下去。

学者同样测试了合伙人过去审计失败记录预示着后续更低的审计质量。这个观点首先是在事务所分所层面被发现的（Francis & Michas，2013）。他们认为审计失败意味着事务所层面存在管理问题。李（Li，2016）使用中国数据发现有过审计失败的合伙人在未来的四年内更容易出现审计失败，且他的客户普遍有更高的可操纵性应计利润。

（2）哪些因素导致了合伙人异质性。以往研究从年龄、性别、个人财富、行业专长和过去的违法历史等方面讨论了会计师事务所合伙人个人特征对审计质量的影响。

霍姆斯特姆（Holmström，1999）提出了年纪较大的员工对职业发展的考量较弱，因此对工作付出的努力会减少。以此为理论依据 Sundgren & Svanström（2014）提出了年长的合伙人具备更少的动机来提高审计质量的假设。通过数据分析他们发现合伙人的年龄与合伙人发表持续经营不确定性审计意见的倾向（对此后申请破产的公司）之间存在负相关。古德温和吴（Goodwin & Wu，2016）在控制了合伙人固定效应后，发现合伙人年龄越大越不易对大额可操纵性应计利润的公司出具持续经营不确定性审计意见。因此，他们认为年长的合伙人审计质量较低。

行为学认为女性在传输信息的过程中更为谨慎和小心，另外女性更为勤劳、保守、守规矩的概率更高。在此理论基础下 Ittonen et al.（2013）利用芬兰和瑞典公司的数据发现，女性合伙人的客户的可操纵性应计利润较小。凯美蓝等（Cameran et al.，2016）在对英国上市公司的研究中也得出了相同结论。哈迪斯等（Hardies et al.，2015）分析了 2008—2011 年 57700 多份比利时审计报告，发现女性合伙人与可观的审计费用溢价有关。他们推测，这种溢价可能反映出与男性合伙人相比女性合伙人拥有更强的能力、知识或客户满意度。

现有的研究大多认为具有行业专长的合伙人能提供更高的审计质量。泰和迟（Chin & Chi，2011）以台湾四大会计师事务所的客户为样本，发现了当合伙人具有更强的行业专长时，财务报告重述发生的频率就会降低，且事务所层面的行业专长与财务报告重述的频率无关。因此，事务所层面的专业知识并不能转化为更高质量的审计。克里希南（Krishnan，2013）、贝尔等（Bell et al.，2015）、李华等（Hua Lee et al.，2017）均发现了签字合伙人行业专长对审计质量有积极影响，相反阿波迪等（Aobdia et al.，2016）使用来自美国四大审计公司合伙人的数据进行分析，结果显示合伙人行业专长与审计质量无显著关系。

2.3.2　会计师事务所合伙人外在动机对审计质量影响的相关研究

关于会计师事务所合伙人外在动机对审计质量的影响，已有学者的研究主要围绕着客户对合伙人的重要程度、合伙人任期、合伙人与客户的特殊关系及合伙人工作压力这四方面进行。

（1）客户对合伙人的重要程度。雷诺兹和弗朗西斯（Reynolds & Francis，2001）认为从客户重要性角度来看合伙人行为对审计质量的影响是不清晰的。一方面，从单个客户身上获取的财务利益越多，合伙人维系此客户的动机越强烈，这将会不利于审计师的独立性，从而带来审计质量的下降；而另一方面更重要的客户可能给他们带来更大的法律风险和名誉损害，合伙人因为有动力在审计工作的过程中更加仔细，这将带来审计质量的提高。陈等（Chen et al.，2010b）用中国资本市场数据发现了 1995—2000 年客户的重要性与合伙人出具的非标准审计意见成反比。但 2001—2004 年却呈现正相关，他们认为是因为 2001 年开始中国制度环境变得对投资者更友好了。迟等（Chi et al.，2012）用中国台湾的数据发现，“四大”合伙人不会为了重要客户牺牲自己的独立性，而非“四大”存在该行为。

（2）合伙人任期。关于合伙人任期对审计质量的影响学者们并未得出统一结论。有两个主要的理由认为合伙人任期与审计质量呈现负相关：其一是合伙人独立性会因为长期与客户经理接触个人关系更亲密而受到侵蚀；其二是合伙人容易因为项目变成日常流程，而忽略掉新的异常现象。对客户来说重复多次的审计流程，使他们能预测审计师的行为，这样更容易隐藏他们的财务问题。但是亦有很多观点认为延长合伙人任期会带来更高的审计质量，比如合伙人更易于累积行业专长，这有益于审计质量的提高。

凯里和西姆内特（Carey & Simnett，2006）发现合伙人任期较长通常出具持续经营不确定性审计意见的可能性更小，合伙人任期与审计质量负相关。这与会计师事务所任期与审计质量关系的研究有所不同，大多数结论都是事务所任期与审计质量之间成正比（Geiger & Raghunandan，2002；Myers et al.，2003；Bell et al.，2015）。另外，学者们发现在事务所任期长时审计质量更高，却在合伙人任期长时更低，说明执业合伙人是公司和客户之间的关键链接点，低审计质量的风险对合伙人来说比对事务所更大（Chen et al.，2008；Ye et al.，2011）。

（3）合伙人与客户特殊关系。布劳因等（Blouin et al.，2007）以安达信终止后合伙人与客户呈现的关系作为研究基础，发现财务报告较激进（可操纵性应计利润高）的客户更喜欢选择转所后的前合伙人。但是这些沿用前合伙人的客户在第一年中并未出现异常的盈余管理情况。原因可能在于前合伙人离开安达信后变得更为谨慎。陈等（Chen et al.，2009）基于2001年的中国银广夏事件作出类似研究，得出了一致的结论，财务报告较激进的客户选择沿用前合伙人，且在转换事务所后的第一年不再重复地进行盈余管理行为。但是他还发现财务报告较激进的客户在转换事务所后若换了新的合伙人，盈余管理行为仍存在。

部分学者对合伙人转换事务所后体现出的合伙人客户关系进行了挖掘。他们发现在发达的市场环境下，事务所通常会与合伙人签订非竞争条款来防止合伙人换工作时带走客户（Levin & Tadelis，2005）。而在发展中国家，非竞争条款较少且强制性弱。事务所内部的客户资源私有化较为普遍，以合伙人为最重要的客户维系主体，通过自身的社会关系，直接影响事务所客户的流失与增加，因此，合伙人可以带来与之联系紧密的审计客户，也可以带着他们离开，进入新的事务所继续执业（李江涛等，2016）。合伙人的薪酬和在新事务所的职位往往取决于他们能带来的客户价值。这意味着这位即将离职的合伙人有动机为了使他的客户满意，增加客户追随他到新的事务所的可能性，而牺牲一定的独立性，导致审计质量的降低（Su & Wu，2016a）。

在很多司法区域要求合伙人强制轮换，因此对会计师事务所合伙人来说再次回到之前项目时会经历一个冷却期，冷却期结束后，若项目重回原合伙人，则可说明合伙人和客户间具有特殊的关系。费斯等（Firth et al.，2012）验证了这种现象，他发现当项目重回原合伙人后，合伙人对项目财务处理的弹性增加，并较少出具非标审计报告。

合伙人与客户管理层的特殊关系同样对审计质量造成影响，梅农和威廉姆斯（Menon & Williams，2004）、伦诺克斯（Lennox，2005）发现合伙人变成客户的管理层后，胜任力提高，独立性降低，更容易获取现任合伙人的信任，因此当原合伙人变成客户的管理层后，客户会报告更多的可操纵性应计利润，且更容易获得清洁的审计意见。管等（Guan et al.，2016）验证了合伙人与管理层的校友关系，他们认为审计合伙人与管理层有良好的关系时，双方会更加积极地沟通，也更愿意考虑对方的立场；而在双方关系一般或比较差时，则不愿意积极地沟通，只考虑自己的立场。以中国数据作为验证，他们发现合伙人与客户的校友关系总体来说降低了审计质量。

（4）合伙人工作压力。会计师事务所合伙人工作强度对审计质量既存在正面影响也存在负面影响。一方面，沉重的工作负担会分散一个执业合伙人对审计的足够关注，驱动他在收集审计证据时试图寻找捷径（PCAOB，2015a）。因此，沉重的工作负担会降低合伙人的审计质量。另一方面，基于会计师事务所的质量控制系统规定，合伙人的工作强度会与审计质量达成一种均衡。项目多的合伙人表示其更有能力与不同类型的客户相处并吸引更多的客户，这使合伙人的工作强度与审计质量呈现正相关。松德格伦和斯万斯特罗姆（Sundgren & Svanström，2014）用审计项目数量来作为合伙人工作强度的替代变量，以瑞士濒临破产的几家公司为样本，发现合伙人工作强度与非标审计意见呈负相关，他们认为沉重的工作负荷会给审计质量带来负面影响，而古德温和吴（Goodwin & Wu，2016）发现工作强度与审计质量的相关关系不显著，他们认为工作强度不应按项目数量计算。另外工作强度具有内生性，它受到了合伙人个人能力和风险偏好等因素的影响，研究几乎无法观察合伙人的工作情况，因此无法测量合伙人真实的工作强度。

2.3.3 会计师事务所治理对审计质量影响的相关研究

会计师事务所对合伙人的监督治理可以有效地确保合伙人的行为对整个事务所来说最有利。根据事务所制定的治理制度合伙人将通过不同的反应最终带来审计质量的变化。学者对事务所治理制度的研究涵盖了事务所的组织形式（如2.2.1部分中所述）、组织文化、合伙人薪酬机制、复核合伙人和多个执业合伙人的联合审计，同时也对影响事务所治理的外部监管政策包括强制披露合伙人姓名、强制轮换合伙人、行政监管和制裁进行了分析。

（1）合伙人对审计质量的影响基于事务所内部治理制度的相关研究。会计师事务所组织文化是决定事务所内部治理方向和质量控制政策强弱的关键因素。若事务所“高层基调”更倾向于发展咨询等非审计鉴证类业务，事务所发展将更加商业化，对审计业务质量的关注将大大削弱（Pratt & Beaulieu，1992）。莫尔昌（Mowchan，2016）提出会计师事务所的组织文化取决于参与事务所内管理合伙人究竟是审计业务合伙人还是咨询业务合伙人。他收集了从2003年到2011年美国四大会计师事务所中参与事务所内管理的合伙人的信息。发现当一个事务所（总所或分所）将管理层变更为咨询合伙人为主后，办公室的组织文化和其他伙伴的行为将受到影响，最终导致该所非审计费用增加及审计质量的降低。阿波迪亚（Aobdia，2016）会计师事务所组织层面的缺陷与被审计单位的会计报表重述存在正相关关系，说明事务所组织缺陷带来了审计质量的下降。

事务所制定不同的薪酬计划来激励和约束合伙人，主要包括等额分配、绩效分配以及混合三种模式。等额分配带来搭便车和不尽勤勉，“争夺”“离开”会更多发生在这种分配机制的事务所下，高能力的合伙人会威胁或是直接离开，因为他们为事务所挣得的利润多，而他们所获的薪酬却跟其他合伙人一样。绩效分配机制下，计量合伙人个人的绩效就很困难了（Huddart & Liang, 2003），因为合伙人的任务是多层次的。比如合伙人需要赢得新客户，维持已有的客户，提供高质量审计服务，同时，合伙人还需要投入时间到其他管理工作，若收入以绩效为基准，合伙人容易逃避那些不易测量和观察到的工作，这对审计质量来说是个威胁（Burrows & Black, 1998）。因为较容易计算的绩效就是合伙人给公司带来了多少收益，而较难观测到的是合伙人的独立性和合伙人付出的努力。在绩效机制下，合伙人会牺牲审计质量，因此对整个事务所来说会面临更大的法律诉讼和名誉损失的风险（Bazerman et al.，1997；Miller，1992）。特龙佩特（Trompeter，1994）采用实验研究法，研究了合伙人薪酬计划如何影响其个人行为。他发现来自小规模事务所的合伙人比来自大型事务所的合伙人更无法接受收入的降低。通过进一步研究他还发现，来自较小规模事务所的合伙人认为，他们的个人薪酬与他们是否能留住客户密切相关，基于不同薪酬对审计师的独立性的影响，小规模事务所审计质量较低。德凯泽等（Dekeyser et al.，2016）研究了合伙人薪酬与审计质量之间的关系。他们发现，当合伙人的薪酬与合伙人所赚取的总收入联系更紧密时，审计质量会更低。总之虽然有这些研究调查了薪酬方案如何影响审计质量，但合伙人薪酬对于各个事务所而言是私密信息，因此，合伙人薪酬的确定在很大程度上仍是一个黑箱。

合伙人复核制是指会计师事务所通常在与客户接洽审计项目时会指派一个合伙人来进行审计业务风险评估（Ayers & Kaplan，1998），并在审计项目结束前安排一个合伙人对审计的质量进行复核（Epps & Messier，2007）。艾尔斯和卡普兰（Ayers & Kaplan，1998）在对216家会计师事务所合伙人的调查中发现，风险评估合伙人比审计业务合伙人作出的客户接受度判断更为保守。艾尔斯和卡普兰（Ayers & Kaplan，2003）通过实验发现合伙人复核制有助于事务所在客户接受过程中避开风险过高的项目。

会计师事务所有时候会在一项审计业务委派多个合伙人，这种情况在芬兰和瑞典很多见。伊托宁（Ittonen Trønnes，2015）发现多个合伙人联合进行审计业务可以对项目投入更多的知识和经验，联合审计的合伙人之间也会有更多沟通和协商的机会，更重要的是合伙人与被审计单位管理层之间勾结的风险更低。通过进一步研究他们发现，联合审计并未给被审计单位带来更高的成本，因此，他们得出结论：多个审计合伙人可以在不增加成本的情况下提高审计质量。塞尔尼等（Zerni et al.，2012）得出了相反的结论。他们认为当一个项目组存在多个合伙人时会遇到搭便车的问题，且沟通和协调会增加成本，使数个合伙人之间缺乏共享的信息，最终导致审计质量降低。

（2）合伙人对审计质量的影响基于外部监管政策的相关研究。随着英美两国近年来陆续拟定和颁布要求审计报告披露合伙人姓名的相关政策，学者们展开了讨论。卡塞罗和李（Carcello & Li，2013）纵向比较了颁布披露合伙人政策前后英国的情况，他们发现英国在披露的第一年出现了可操纵应计利润显著下降，合格审计报告的发布增加以及审计费用的增加等现象。接着他们又将英国与未要求披露合伙人信息的其他欧美国家进行了横向对比，得出了披露审计合伙人的姓名有助于提高审计质量的结论。而钱奇等（Cianci et al.，2016）通过对83名被试合伙人进行的实验研究发现，合伙人身份的披露会使合伙人过于保守从而对审计质量带来负面影响。

合伙人强制轮换制度带来的影响近年来受到很多学者的关注。部分学者认为合伙人强制轮换制度会因为新合伙人对客户了解不充分而带来审计效率的降低（Bedard & Johnstone，2010）、审计战线拖长（Sharma et al.，2016）、审计费用的增加（Stewart et al.，2016）以及审计质量的降低（Litt et al.，2014）。也有学者通过数据分析得出轮换制度对审计质量无显著的相关关系的结论（Chi et al.，2009）。但大多数学者还是认为轮换制度可以带来审计质量的提升，因为新来的合伙人带来了新的视角（Lennox et al.，2014；Laurion et al.，2016），并且在轮换制度下新来的合伙人将审查离开的合伙人在前一年所做的工作，在同行监控的影响下合伙人在离开审计项目的前一年进行更高质量的审计（Lennox et al.，2014）。

2.3.4 会计师事务所合伙人民事责任与审计质量相关研究

现有学者针对会计师事务所合伙人民事责任与审计质量相关研究较少，

主要包括如下观点：

（1）合伙人个人财富决定了民事责任赔偿范围。因此，合伙人财富越高审计质量越高。这个结论来源于戴（Dye，1993）的研究，他用数理模型验证了合伙人的个人财产在一定程度上代表了其审计质量的保证金，在投资者保护政策完善的资本市场中，一旦投资者遭受损失，他们会选择通过起诉有过失的合伙人来弥补他们的损失，合伙制下的无限责任致使更富有的合伙人更具备提高审计质量以避免民事赔偿风险的动机。

（2）有民事违法前科的合伙人，审计质量也更低。埃米尔等（Amir et al.，2014）认为有前科的合伙人风险容忍度比没有违法前科的合伙人低，他们发现对于有违法记录的合伙人审计的公司表现出较大的财务风险、较弱的治理、激进的财务报告以及较低的审计质量。杰弗里（Jeffrey，2019）根据审计合伙人的违法行为历史来衡量个人的风险承受能力，考察了审计合伙人的风险偏好对审计质量的影响，亦发现更具风险容忍度的合伙人的客户更倾向于虚报，更不及时地确认损失，同时审计质量和支付的审计费用也更低。

（3）民事责任风险是合伙人提高审计质量的动力。雷诺兹和弗朗西斯（Reynolds & Francis，2001）认为更大的法律风险和名誉损害会使合伙人有动力在审计工作的过程中更加仔细，这将带来审计质量的提高。严格的监管环境可以激励审计师提供高质量的审计（Wilson & Grimlund，1990）。监管机构的行政检查会显著增加会计师事务所合伙人被诉讼的风险（Housto & Stefaniak，2012）。大多数研究围绕着事务所层面进行（Wilson & Grimlund，1990；Carcello et al.，2011；Gramling et al.，2011；Firth et al.，2014；DeFond & Lennox，2016）。宋衍蘅和肖星（2012）认为会计师事务所合伙人为避免或减少由于审计失败而导致的法律责任和法律风险的增加，将提高执业谨慎性，实施更为严格的审计程序以规避自身风险，并努力提高自身的业务水平以提高审计质量。秦等（Qi et al.，2015）发现当合伙人受到中国监管机构的行政处罚后，审计质量得到提高，且被处罚的合伙人更有可能失去工作和客户。此外，处罚的后果还将波及其他无辜的合伙人。何等（He et al.，2016）发现遭遇处罚后，声誉的丧失可能会蔓延到同一家审计公司的其他合伙人，即使他们没有直接参与失败的审计。最终可能导致无辜合伙人收入水平降低、因事务所倒闭而失业、或难以被其他知名事务所雇佣。因此在强监管条件下合伙人是有经济动机去监督同一公司的其他合伙人的，从而提高事务所的整体审计质量。蒋尧明和肖洁（2018）根据经济活动参与者利益得失通过建立数理模型分析了合伙人民事责任在不同会计师事务所组织形式下对审计质量的影响。研究发现：在特殊普通合伙制会计师事务所中随着民事责任的增加，一方面，执业合伙人将通过降低与公司管理层合谋的动机及促进自身执业能力提高，直接对审计质量产生正面影响；另一方面，其他合伙人为避免承担连带责任，将通过干涉执业合伙人与公司管理层合谋及选择执业能力较强的合伙人，间接对本所的审计质量形成正面影响。

2.4 文献述评

基于对已有文献的梳理，我们认为已有文献缺乏关于会计师事务所合伙人民事责任对审计质量的影响及路径的进行更细致的分析，有待更深入地寻找解决问题的有效路径。

首先，已有国内文献多集中于对签字注册会计师或会计师事务所层面对审计质量影响的研究，而较少着墨于合伙人层面。在现有的会计师事务所组织形式下，合伙人除去注册会计师身份还是民事责任的承担者及其他合伙事务的管理者。始终处于控制事务所的审计风险和保护利益相关者产权的核心地位。而近年来大量国外学者认为事务所层面的分析建立在假定所有合伙人为事务所提供了统一的质量水平的基础上，这个假设与现实的巨大差距近年来在学术界越来越受到质疑和挑战。因为事务所合伙人在面对不同的法制环境，不同的民事责任威慑效应下，作为有限理性经济人的合伙人会作出的不同选择，合伙人之间会存在利益冲突以及合伙人个人特质也会对审计质量产生关键影响。美国公众公司会计监督委员会（PCAOB）和证券交易委员会（SEC）制定的3211规定，更是促使国外研究奠定了审计质量研究重心从事务所层面到合伙人层面转移的基调，而合伙人层面的研究在我国尚未获得相应的关注。

其次，国外在合伙人层面的研究因各国法律规定的差异，多将合伙人与签字注册会计师混淆。而我国签字会计师既可能是股权合伙人，也可能是非股权合伙人，还可能是包括“授薪合伙人”、高级经理等的其他注册会计师①。无论是薪酬分配还是法律责任的承担都因角色的不同而导致巨大差异，而这些差异会在审计过程中造成他们行为的差异，加上文化环境和制度的区别。因此虽然国外有大量合伙人层面研究，但他们研究成果我们只能辩证地思考学习，而不能直接应用。

最后，我国对威慑效应的研究多出现于法学界，尚未有文献将其发生机理用于分析合伙人民事责任对审计质量影响路径。通过对威慑效应的应用，有助于我们理解民事责任赔偿概率和力度将如何影响合伙人行为，最终对审计质量带来何种变化，有助于为未来的法律及政策制定提供理论基础和现实数据支持，有效提高有关法律法规的解释性、可预见性和可操作性，因此研究具有一定的理论和实践价值。

综上所述，我们认为要将内涵庞大的“法律责任”转化为可执行、可生效的违法成本。一方面对合伙人行为产生正面的约束作用，另一方面使合伙人充分明确自身的权利和义务，在面对法律纠纷时，能更好地保护自身合法权益和财产不受侵犯，才能真正对审计质量造成正面影响。

---

① 根据《财政部关于注册会计师在审计报告上签名盖章有关问题的通知》［财会（2001）1035 号］的规定，审计报告应当由两名具备相关业务资格的注册会计师签名盖章并经会计师事务所盖章方为有效。合伙会计师事务所出具的审计报告，应当由一名对审计项目负最终复核责任的合伙人和一名负责该项目的注册会计师签名盖章。有限责任会计师事务所出具的审计报告，应当由会计师事务所主任会计师或其授权的副主任会计师和一名负责该项目的注册会计师签名盖章。

第3章 会计师事务所合伙人民事责任的逻辑演进

会计师事务所由会计专业人士构成，提供的服务也主要是智力服务，在日常运营中主要依赖的是人力资本的投入而非物资资本，具有浓厚的专业色彩。合伙制以其管理模式的相对灵活、决策模式相对自主倍受早期注册会计师及其他专业人士的青睐。加之在合伙制这一法律框架下，合伙人不但需要以个人财产为其审计质量做担保，还需为其他合伙人的债务承担连带责任，更利于有效保护以投资者为主的利益相关者的权益。因此，合伙制会计师事务所较之公司制会计师事务所承担的更严格的个人法律责任使其成为更具公信力的专业执业机构，在有效的市场竞争中成为更多客户的选择。因此，当我们纵观整个注册会计师职业发展之路，我们会发现合伙制不单是会计师事务所早期发展的自然选择，亦是贯穿整个注册会计师史的主流旋律。2010年，财政部、国家工商行政管理总局制定的《关于推动大中型会计师事务所采用特殊普通合伙组织形式的暂行规定》（财会〔2010〕12号）以及2018年财政部、国家市场监督管理总局颁布的《关于推动有限责任会计师事务所转制为合伙制会计师事务所的暂行规定》（财会〔2018〕5号），更是确定了合伙制是我国会计师事务所未来发展的方向。合伙人既是合伙制会计师事务所的所有者、执业者、监督者与管理者，又是法律责任的承担者，决定着事务所的执业质量和运营方向。在经济环境、法制环境不断变化的今天，他们的思维模式和行为将会有何种改变？他们是否能在法律责任与商业利益博弈下依然提供高质量的审计服务，担负起公众的期待，保有作为专业人士的职业形象？以史为镜，可知兴替。首先我们将对会计师事务所合伙人这一特殊的群体的历史逻辑演变进行回顾，以助我们对其内在特征和行为方式形成初步印象。随后我们将对我国注册会计师行业的民事责任的发展及作用进行简要描述，并在此基础上分析，突出合伙人民事责任的重要性，为后续章节进一步对合伙人民事责任与审计质量关系进行分析奠定基础。

3.1　会计师事务所合伙人制度与历史变迁

社会经济环境的差异导致我国与以英美为代表的国外会计师事务所合伙人的演变之路呈现了截然不同的两个方向，在本节我们将分别对两者进行演绎归纳，并作出比较分析。

3.1.1　英美会计师事务所合伙人制度演变

（1）萌芽阶段，公正严谨的专业人士。追根溯源，审计行业的产生源自缓解所有权和经营权的分离导致的信息不对称问题。15 世纪的英国，封建社会到达鼎盛时期，随着贫富分化的加剧，富有阶层的发展壮大，所有者们通常雇佣一个或多个管家（早期经营者）为其打理财产。为了确保其管家如实记录反馈账目，所有者委托审计师进行审计。此时的审计师受雇于所有者，工作内容在于对账户的查错防弊，目标在于维护所有者利益。出具审计报告的对象也仅限于所有者一人，审计质量的好坏直接取决于所有者对该审计师的工作完成情况满意程度，审计师据此获取审计收入。此时的审计师跟医生、律师类似属于专业人士，依靠个人技能为所有者提供服务，加之此时的业务较为简单，无论从业务的难易程度还是工作量上，审计师都可以个人胜任，因此“此时”的会计师执业以个人为主。随着 19 世纪资本主义的崛起工业化快速发展，中大规模企业出现，会计计算日趋复杂，公司的投资者及债权人为确保其利益需借助既具有专业能力又不带偏见的公众会计师为其服务（Mednik et al.，1987），审计师职业服务的范围扩大到“在民事诉讼过程中帮助律师查账；帮助企业经营者提供建议及调整账目；为投资者和债权人检查公司账目”。这时部分公众会计师面对业务已无法再靠个人单枪匹马完成了，他们选择信赖的伙伴开始了联合执业，早期的合伙制会计师事务所应运而生。这时的合伙实际上也是个人执业，合伙人间拥有充分的灵活自主，虽然尚有部分业务需要沟通，但在法律上并未有任何强制性规定，合伙人对自己的业务有充分的自主权（刘燕，2002）。在漫长的萌芽期，会计师事务所合伙人凭借严谨的专业能力和诚实正直的品德在未依赖法律约束的情况下，获得了社会公众的肯定。劳伦斯（Lawrence，1905）对当时合伙人内在特征的总结是“机智、谨慎、坚定、公正、温和、勇气、正直、辨别力、勤奋、判断力、清醒和可靠。”

（2）初步发展阶段，专业技术者的乌托邦。20 世纪初，随着社会化大生产和市场经济的发展，美国成为了全球经济的重心。在当时的美国，股份制公司崛起，投资者对企业的所有权较之以往更为分散，而掌握经营权的企业管理层权力更为集中，投资者参与审计契约的程度被弱化。随着经济业务的日益复杂和企业规模的逐渐扩大，注册会计师的工作已无法像以往那样仅通过简单的审计步骤来揭弊查错，而现在越来越多的情况下，注册会计师会将部分查错职责交由企业管理者，使之履行会计审计职责的一部分，而注册会计师自己会将重心转向审查财务报表的真实性与公允性上，尽可能地提高财务报表信息的可信度，满足使用者对高质量信息的需求（蒋尧明，2010）。管理层因个人权力膨胀引发了大量舞弊案，间接引发了 1929 年美国股市的第一次危机，投资者和债权人的利益遭受了巨大损失，美国政府认为资本市场中大量虚假会计信息的存在是造成本次经济危机的重要诱因。为了更有效地恢复投资者信心，规范证券市场秩序，美国政府和人民对注册会计师们寄托了高度期待。在 1933 年和 1934 年美国分别颁布了《证券法》及《证券交易法》。这两项法律一方面要求在证券交易所上市的公司的财务报表必须要经过独立会计师审计后再出具审计报告，增长了人们对审计服务的需求和重视；另一方面从保护证券购买者的角度考虑，当证券购买者发现经审计的财务报表有弄虚作假、故意隐瞒等迹象，导致报表使用者因此而蒙受损失，损失者可对会计师事务所提起诉讼，明确了会计师事务所的民事责任范围从违约责任向侵权责任扩张，并将举证责任由原告转向被告。这些政策既给正在成长中的会计师事务所带来了巨大的发展机遇，又将合伙人们置于更大的法律风险中。由于在非独立法人的“合伙制”中，要求每一个合伙人除了需要对个人债务负法律责任外，还需对其他每一个合伙人负连带责任。当“合伙制”下公司内部资产不足时，公司内的每一个合伙人，都需要以个人财产进行补充，共同承担其他合伙人的债务。在这样的制度下，对合伙人而言具有严苛的法律约束，于是可以练就合伙人们专业能力和极高的道德修养，在审计报告质量及执行方面都有较高的水平（黄洁莉，2010）。在当时“审计”这个词代表了正直高贵的职业，在美国商界享有至高无上的荣耀，尤其是“八大”会计师事务所，能成为其中的一员合伙人如同进入一所“常青藤名校”深造。这些社会精英早年都曾因厌恶权力斗争对出卖自己或自己公司的商业秘密深恶痛绝，他们选择掌握了事务所的管理大权且与商业圈保持距离。美国《证券法》给他们带来的机遇减少了行业的商业竞争和压力使他们能心无旁骛地履行审计师的职责，以工龄为导向的收入分配机制及强调平等和友谊的事务所内部管理模式，为这些合伙人提供了一个避开恶俗商业社会的港湾，使他们在合伙人的位置上找到了自己理想的生活方式（Stevens，1991）。因此不难理解在该时期会计师事务所合伙人在社会公众的认知中被视为“收入很高并值得信赖的专业人员，但社会公众通常不会认为他们需要广泛的思考或创造”（windal et al.，1980）。

（3）快速发展与危机四伏。20 世纪 70 年代随着美国推行扩张政策，本国的科技发展进入低潮，实体经济缺乏增长点，加之西欧和日本经济的崛起导致美国本土企业出口贸易份额下降，美国经济进入滞胀。大量的企业倒闭，企业界感受到了前所未有的压力，为了在恶劣的经济环境下生存下去，企业开始压低审计费用并要求合伙人为他们提供更多的服务，甚至不顾及靠校友关系或多年业务往来建立的信任关系，只为了降低审计费用。另外，在接踵而来的经济危机中，2008 年美国次贷危机导致整个经济动脉出现剧烈震荡，以房地产和能源的价格波动最为强烈，掀起了美国甚至全球的倒闭风潮，在这种极端情况下，债权人蒙受了巨额的经济损失，在债权得不到补偿的情况下，转而向为债务人提供审计的会计师事务所提起诉讼，致使“合伙制”下的合伙人们无辜受到牵连，要以个人财产承担合伙制下的共同债务，甚至出现事务所合伙人的个人破产危机（黄洁莉，2010）。面对执业环境的恶化，加之美国注册会计师协会取消了对广告和促销活动的禁令，迫于生存压力的合伙人被迫卷入了市场竞争，告别了他们曾经与商业隔绝的职业生涯。业绩日趋替代了资历纳入了他们的薪资系统，无情的优胜劣汰打破了曾经友爱互助的合伙传统，广告、公关、促销和销售培训将合伙人从独立谨慎的智囊团队向投机谋利的职业商人转变，合伙人的工作重心从只需严谨执业和处理有限的合伙事务变成了人力开发、公开演讲、培训员工和抢夺客户。事务所从曾经的产品导向转变成了市场导向，曾经那些精通业务、一丝不苟的合伙人若不能适应变化的环境，更好地推销自己将受到冷遇甚至被行业淘汰（Stevens，1991）。民事诉讼的威胁虽然在加剧，但毕竟风险是潜在的且在时间上有一定滞后性，而管理费用的螺旋式上升和迫在眉睫的失业压力导致大量合伙人们不顾职业形象作出短视行为，一边通过减少对执业的投入来缩减成本，另一边迫于竞争压力出卖部分独立性来迎合客户，审计报告的质量和准确性自然成为了斗争的牺牲品。维护公众投资者利益这一历史赋予合伙人的神圣使命被打破，社会公众对这批曾经最为信赖的专业人士提出了质疑。更为雪上加霜的是此时市场欺诈理论和信赖推定原则在法院的审判中得到广泛运用，社会公众对审计失败和经营失败的认识缺乏界限意识，甚至常常认为企业经营失败都是注册会计师的责任（蒋尧明，2010），社会公众要求注册会计师重新承担起揭弊查错的主要责任。整个行业此时面临着一场巨大的认同危机，一方面接踵而来的审计诉讼爆炸可见社会公众对曾经专业领域最权威的会计师事务所合伙人的不满已汇聚成了指控的巨浪；另一方面，事务所合伙人的执业形势愈发严峻，合伙人内部对自身定位产生了质疑，部分优秀的人才在巨大的压力下离开了注册会计师行业，人才流失间接导致市场整体审计质量下滑。于是新的一轮诉讼随之而来，一个恶性循环就此成型，多家事务所因为不堪巨大的民事赔偿而破产。这段时间被称之为“注册会计师职业发展史上最最痛苦的时期”。其对会计师事务所合伙人职业形象从谨慎可靠的专业注册会计师到投机谋利的商人，这一不利影响至今还未发生颠覆性的改变。

在事务所中，成为合伙人是对注册会计师执业水平的认同。因此，合伙人通常代表着行业专家最高水平，在项目中通常需以主审注册会计师的角色出现。他们作为注册会计师承担的执业责任仅是其民事责任的一部分，而作为普通合伙制会计师事务所所有者而言，会计职业规模化发展使他们之间需承担的无限连带责任范围的大幅度扩大，更进一步加重了他们的民事责任风险。第二次世界大战结束后，美国经济的崛起，国际贸易和海外投资的大量兴起，股份制公司规模的扩大，美国企业达到前所未有的规模。为了快速熟悉客户各网点所在地的法律法规，并及时、高效地为扩张中的客户提供审计服务，会计师事务所开始与各地本土团队展开合作并大量合并当地事务所，合伙人规模迅速扩大。另外，科技的发展使会计师事务所有机会通过提高科技投入来大规模地提高工作效率，于小型会计师事务所而言过于昂贵的设备和过剩的数据处理能力，促使他们为了节约对固定资产的投入，走在了一起。合伙企业建立在合伙人平等互信的基础上。规模扩大意味着沟通成本的大幅提高，因此通常在一个合伙企业中合伙人人数不宜过多。这一时期会计师事务所过于快速的扩张导致合伙人之间并不熟悉，彼此业务也相对独立，出现突发性责任风险的概率因此有所提高，彼此连带责任真正变成一种很大的风险。始于20世纪80年代末的储贷危机中，500多家曾被美国最权威会计师事务所出具标准无保留意见的储贷协会遭到联邦政府的查封，肮脏的案件被曝光，破产事件更是连续不断。公众对注册会计师行业的信任跌至谷底。1991年当时排名第七的拉文索（Laventhol & Horwath）会计师事务所不堪民事赔偿的重负导致破产就像一根燃烧的引线，给所有身处普通合伙制无限连带责任下的会计师事务所合伙人拉响了警铃。在这场浩劫中，拉索文的合伙人人均丢失了逾17万美元的合伙权益。所有正在执业的合伙人包括7年内退休的合伙人总共被强制征收47300000美元的个人财产，已退休的合伙人失去了赖以生存的养老金，大量合伙人纷纷破产（Marvin，1994）。一位前安达信合伙人在接受采访时表示“当损失在一定范围内会计师事务所合伙人们愿意牺牲现有和未来的收入来‘共渡难关’，但一旦超过一定限度，他们就会做‘鸟兽散’，这一限度估计在20亿~30亿美元之间”（Jim Peter，2015）。

（4）利益天平重趋平衡。不愿退出行业的会计师事务所合伙人开始思考如何减轻自身的民事责任压力。他们根据20世纪60年代兴起的新制度经济学创新地提出了一种新的组织形式：有限责任合伙制。有限责任合伙制不但保留了合伙制突出专业人士的特点，也限制了无限责任对事务所的扩张。在他们的成功推动下，1991 年得克萨斯州通过了第一部《有限责任合伙法》。到 1998 年，美国所有州均通过了有关法案，允许会计师事务所采用有限合伙制，美国本土大型会计师事务所已完成转型。在此变革的波及下，加拿大、德国、法国、澳大利亚等国家和中国香港地区也颁布了相应的法律，将有限责任合伙制加入会计师事务所组织形式中，英国也于 2000 年 7 月颁布了自己的《有限责任合伙法》(刘燕，2002)。有限责任合伙制是普通合伙制的一种变形，大多数法律指出，与合伙制不同的是，有限合伙制中的事务所合伙人对于其他合伙人或雇员的错误行为所产生的后果不承担连带责任，除非该合伙人也参与了他们的错误行为。在美国大多数州的成文法下，有限责任合伙制的合伙人所需要承担的某些全体性质的过失责任，最多不过是些违约责任(Bromberg，1985)。

另外，由于责任范围不断扩大，有限的美国司法资源无法支持大量诉讼案件的支出，于是美国国会于 1995 年通过了《私人证券诉讼改革法案》，该法案与《证券交易法》和《证券法》不同的是，在民事责任方面建立了“安全港规则”，将原有的无限连带责任改为有条件的“公允份额”比例责任以及在损失赔偿的确定方面也做了相应的修改（李若山等，2001)。该法案的出台，在一定程度上还有效地遏制了美国证券民事诉讼成倍增长的现象，泛滥的诉讼案件被遏制后，让美国证券民事赔偿制度更趋成熟。在美国的《证券法》(1933)、《证券交易法》(1934)、《私人证券诉讼改革法案》(1995)、《证券诉讼统一标准法》(1998)、《萨班斯—奥克斯利法案》(2002) 等一系列有代表性的证券民事赔偿判例的基础上，美国注册会计师协会于 20 世纪 80 年代前后，重新审查第 16、第 17 号《审计准则公告》，并将“揭露重大错弊和非法行为”重新列为审计的主要目标和职责，此后，于 1988 年又发布了第 53 号和第 54 号《审计准则公告》用以替代重审的 16 号、第 17 号《审计准则公告》，“揭露重大错弊和非法行为”仍然是注册会计师的重要职责。之后的 1997 年 2 月，“财务报表审计中对舞弊的关注”准则在 AICPA 发布的第 83 号（该准则 2002 年 10 月又被 99 号准则所替代）被明确，以进一步缩小与公众期望的差距（蒋尧明，2010)。

3.1.2　我国会计师事务所合伙人制度演变

（1）新中国成立以前，最早的事务所合伙人出现。我国会计技术的运用源远流长，而注册会计师制度作为商品货币经济发展的产物在民族资本主义发展后才开始在我国萌芽。20 世纪初，满清政府实行“兴学堂，派留学”的新政，使部分留学生得以接触国外先进的会计技术和审计理念，学成归来后以谢霖、李觉鸣、秦开等为代表的早期会计学家们为了维护民族的利益与尊严，冲破外国注册会计师垄断中国会计领域的不平等状态下，积极推动了我国注册会计师事业的发展。1918 年谢霖与秦开、杨增询合伙开设的“正则会计师事务所”成为了我国最早的会计师事务所合伙人，此后立信等合伙制会计师事务所纷纷成立，这批爱国的会计专家们将职业道德视为事业发展的生命线。

另外，为了确保会计师行业的稳固发展，国民政府财政部颁布了一系列配套法律法规。其中 1928 年颁布的会计服务实施细则第一章规定“会计师是在受公共机关的命令或当事人委托后，方为委托人提供业务技术服务，这种服务是以会计师所具有的法定的第三者的独立地位和权限以及特有的智力资源和良好的信誉等为委托人提供技术性的劳务，是一种有偿性的服务。按照代为办理事务的难易和繁简受相当的‘酬金’或‘公费’，其标准是由主管官署或会计师公会制定，在发生会计师行使职务时，因故意或过失致委托人或第三人受损害时，应负民法或刑法上的责任。”但值得注意的是，虽然细则中规定涉及对第三人的民事责任，但这时的合伙人主要是以注册会计师身份承担违约责任，并未扩大到侵权责任的范畴。因为当时的审计业务主要存在监察人制度中，该制度规定在成立公司时“分监察人为两种股东与会计师各半”，公司法 169 条对注册会计师免责进行了范围限定“各项表册经股东会承认后，视为公司已解除董事及监察人之责任”。在民事责任相对轻松的执业环境中，合伙人们带领了我国会计师事务所在国外注册会计师的挤压和国内部分社会公众的偏见之中，把国家大义民族振兴作为自己的使命，以严格的职业操守，优质的服务质量，为我国本土会计师事务所赢得了良好声誉。随后的20世纪20年代到40年代我国注册会计师事业得以蓬勃发展直到1947年在人民解放军全面反攻下，国民政府的财政金融进入破产境地，注册会计师事业也随之停滞下来。

（2）新中国成立初期，合伙制暂停，合伙人销匿。我国社会主义经济取代了旧社会的商品经济，注册会计师行业暂时被取消。直到改革开放的春风重新复苏了注册会计师行业，在以国有经济占据绝大多数国民经济份额的情况下，我国会计师事务所的发展走上一条与国外完全不同的道路。1986年我国颁布了第一部《中华人民共和国注册会计师法》，其中规定，“会计师事务所是经国家批准的事业单位”“注册会计师必须加入会计师事务所，才能接受委托办理业务”，届时的会计师事务所多依附于地方财政部门，资产归国有，审计市场也由权力部门进行切割，不存在业务竞争，且几乎也没有法律责任。因此，此时的注册会计师们既无法个人或合伙执业也没有提高审计质量的动力，于是乎“什么活都敢接，什么字都敢签，什么报告都敢出”，这些轻松的国有会计师事务所甚至一度成为有关权力部门的“福利库”和“离退休俱乐部”（此时经国家批准注册的会计师80%都是聘用离退休人员）（余盛钧，2016）。1992—1993年“原野、长城、海南新华”三次重大审计失败案件的无法追责促使财政部对注册会计师行业进行了清理整顿。

（3）脱钩改制，有限责任制与隐形的合伙人。1993年8月开始各会计师事务所进行脱钩改制，在同年10月颁布的《注册会计师法》中明确规定了会计师事务所组织形式为“有限责任制”和“合伙制”两种，事务所合伙人重新走上了中国的舞台。然而当时无效的审计市场，弱监管的体制下，注册会计师为了谋利而迎合客户的动机强烈，因此，绝大多数事务所选择了“有限责任制”来规避法律责任。然而有限责任制“资合”的特征与会计师事务所这种以人力资本为主要生产要素、人力服务为主要内容的机构“人合”的要求之间的冲突存在天然的矛盾。很多事务所甚至在实际运营过程中私下采取合伙制的管理模式，在组织形式上却披着有限责任制的“外衣”，而事务所的管理层名义上叫“股东”而实际上却是隐形的“合伙人”，在事务所内部也直接将管理层称为合伙人。除此之外，股东有限责任的安排不能引起股东对审计风险的重视和对审计失败赔偿的惧怕，审计质量长期无法提升。“银广夏”“麦科特”“黎明股份”等大量审计失败案件将注册会计师行业的职业形象降至冰点，证券市场各参与者普遍对注册会计师行业缺乏信心，甚至认为他们是“与造假者同流合污的骗子”“不端企业的望风者”，行业面临信任危机严重。因此，随着我国经济的发展，市场监管的逐步规范，投资者素质的提高，有限责任制无论是在做大做强，还是在法律责任承担审计质量提升上，都暴露出了不足，会计师事务所的股东（也就是所谓隐形的“合伙人”）们在维护证券市场秩序“资本市场看门人”这一历史使命上，不但存在感低微，还因接连不断的审计失败事件引发了资本市场各方的普遍指责。

（4）以合伙制为方向的组织形式改革，合伙人机遇与挑战。为了改变过于宽松的法律环境，平衡各市场参与者的利益，2006 年我国重新修订了《合伙企业法》，增加了“特殊的普通合伙制”这一组织形式。2010 年，财政部、国家工商行政管理总局制定了《关于推动大中型会计师事务所采用特殊普通合伙组织形式的暂行规定》（财会〔2010〕12 号），2012 年 1 月 21 日，财政部、中国证券监督管理委员会（以下简称证监会）联合发布了《关于调整证券资格会计师事务所申请条件的通知》（财会〔2012〕2 号），根据调整后的证券资格事务所审批条件要求，具有证券从业资格的会计师事务所在 2013 年底之前完成了特殊普通合伙转制工作。2018 年，财政部、国家市场监督管理总局颁布了《关于推动有限责任会计师事务所转制为合伙制会计师事务所的暂行规定》（财会〔2018〕5 号）。这些政策一方面提高了合伙人作为“审计师的审计师”在资本市场中的地位；另一方面也促使他们承担更多的法律责任。

3.1.3　中英美会计师事务所合伙人制度演变比较

首先，我们分别将英美和我国会计师事务所合伙人演变之路精简为表 3 - 1、表 3 - 2。

合伙人的社会地位是由社会公众对他们的信赖程度决定的，而公众对合伙人的信赖程度取决于合伙人对维护证券市场秩序和保障公众利益的多少，也就是他们所能提供的审计质量的高低。比较表 3 - 1 和表 3 - 2 我们可以直

表 3－1　　英美会计师事务所合伙人演变

历史时期	社会责任定位	民事法律责任	合伙人特征	公众眼中的合伙人
15 世纪至 20 世纪初	揭弊查错，所有者的看门人	违约责任	踏实正直	值得信赖的权威专家
20 世纪初	验证财报公允，股东的看门人	违约责任、侵权责任、无限连带责任	忠实正直，严谨专业但缺乏创新	高薪，高尚专业人士
20 世纪 70 年代	揭弊查错，验证财报公允，社会大众的看门人	违约责任、扩大的侵权责任、无限连带责任	大胆，全能，迫于压力的短视	恰巧成为注册会计师的商人
20 世纪 90 年代至今	揭露重大错弊和非法行为，社会大众的看门人	违约责任、缩小的侵权责任、无限连带责任、有限责任	创新的管理者，政策的推动者	担负着公众期待的理性经济人

表 3－2　　我国会计师事务所合伙人演变

历史时期	社会责任定位	民事法律责任	合伙人特征	公众眼中的合伙人
20 世纪初—1947 年	负责查账的公司监察人	违约责任	爱国、创新、勇敢坚韧	值得信赖的权威专家
1947 年—1980 年	无	无	无	无
1980 年—1993 年	验证财务报表公允， 监督外资企业和合资企业	无	大胆、散漫	权力人士的退休俱乐部
1993 年—2010 年	揭露重大错弊， 验证财务报表公允， 政府市场监管的延伸	违约责任、侵权责任、 无法落实的有限责任	名义股东、 隐形合伙人 屈从客户现象普遍	与造假者同流合污的骗子，信任危机严重
2010 年至今	揭露重大错弊和非法行为，社会大众的看门人	违约责任、侵权责任、有限责任、无限责任	危机意识， 机遇与挑战并存	存在感低，期待其变革

观地看见，国外会计师事务所合伙人与国内会计师事务所合伙人无论是公众信赖程度、社会影响力还是法律责任上都是朝截然不同的两个方向上发展的。回顾国外会计师事务所合伙人的演变之路我们发现，注册会计师行业是货币经济发展的产物并随着经济社会的不断变化发展而变化。正如同德勤的合伙人曾经骄傲地自称“我们是审计师的审计师”。会计师事务所合伙人通常是那些从事审计业务的主审注册会计师，代表着注册会计师行业最优秀权威的专

业人士和管理者，因此不但肩负着社会大众对注册会计师行业的信赖，更以自己的全部身家为执业质量做担保。社会公众对专业人士寄托的期望在于他们必须致力于客户的利益，关心公众利益，并将这两者置于个人利益之上（麦吉尔，2001）。而相对于律师、医生等其他专业人士，会计师事务所合伙人服务范围更广泛，与投资者的财富联系更密切，因此获得了更多公众的关注。早期的会计师事务所拥有较高盈利能力和较小行业竞争压力，合伙人愿意承担更多的社会责任，树立更好的声誉，为本行业赢得更高的地位。而当执业环境恶化时，职业道德在生存压力的威胁面前显得尤为脆弱。一方面合伙人群体不是社会公众无私的利益保护神，合伙人首先是人，有自身的局限，他们必须在社会使命、职业道德、个人能力、盈利能力和法律责任之间寻求平衡，在不断调试的过程中过滤掉无法“与时俱进”的合伙人，达到“适者生存”。另一方面，审计行业也不是公众万能的免费证券市场“看门人”，现代审计技术的局限性决定了审计报告“真实”的相对性，审计师的聘用方式决定了审计师“独立”的相对性，因此对于公众的期待只能一边加强他们对注册会计师行业的认知来缩小投资者期望差距，一边通过合理有效的法律制度对合伙人行为进行约束。

反观我国的会计师事务所合伙人演变之路，较之国外以市场需求诞生的合伙制会计师事务所，我国（新中国）注册会计师行业的成长是由政府全面推动和发展，无效的市场需求对注册会计师行业的审计质量并无要求，且在当时社会主义公有制为主体的社会经济体制下，注册会计师私人财产长期无法得到承认，因此以个人财产作为抵押来作为声誉信号的合伙制在当时并不可行也不被社会需要。随着我国市场经济的发展，证券市场的规范，社会公众对高质量审计服务的有效需求逐渐形成，于是，我国的合伙人地位从销匿到成为有限责任制中隐形的合伙人，再到现在作为主流改革的方向重新推上行业的潮头。

历史的发展是一个循序渐进的过程，市场就像是一个天平，一旦各参与方利益失衡，合伙人所提供的服务质量无法满足信息使用者时，就需要靠法律制度的革新来进行调节。马克思认为“如果说国家和公共的法律是由经济关系决定的，那么私（民）法当然也是如此，是由经济关系决定的，他实质上只是对特定环境下一般的个人之间现存经济关系的认可”（Marx，1904）。民事法律制度以其惩罚违法者，补偿受害者来达到维护市场各参与方利益的公平的目的。因此，民事法律制度不论是在国外还是我国都是对合伙人行为的影响最为密切相关的因素，决定着市场中人与人之间的关系。它像水一样在流动的过程中过滤掉无法适应的合伙人，又像流水改变地形一样默默地雕塑了合伙人的行为方式，最终使市场的各参与方利益趋于平衡。在下一节中，我们将结合我国现有政策对我国注册会计师行业的民事责任制度进行具体分析。

3.2 我国会计师事务所民事责任：制度发展及其作用

根据我国 2017 年颁布的《中华人民共和国民法总则》，民事责任是指民事主体因实施了民事违法行为，根据民法所承担的民事法律后果。民事责任与行政责任、刑事责任共同构成了法律责任，其最大的特点在于：相较于另外两种以威慑为主要目的的法律责任，民事责任更倾向于使受害人被侵犯的权益得以恢复，调整平等主体之间的人身关系和财产关系，具有民事救济功能，体现了社会主体间的公平。民事责任追究制度在英美等西方发达国家是维护社会和经济秩序、威慑会计师事务所合伙人提升审计质量、补偿受害人利益的最有效措施，但在我国证券市场却毫无用武之地。尤其是在全球经济国际化趋势下，在英美证券市场法律成熟的国家，民事责任的威慑效应与我国形成鲜明对比。下面我们将对新中国成立以来，我国注册会计师行业的民事责任发展进程做一个大致梳理。

如同 3.1.2 部分中我国合伙人演变之路所提到的，新中国成立以来，我国会计师事务所作为事业单位，长期的挂靠制度使事务所及其管理人员处于无法律风险的环境下，无效的审计市场需求进一步弱化了注册会计师作为专业人士对审计质量的追求，虚假陈述导致的民事侵权案件连续发生，受害人却处于追责无门的状态。在民众不满的呼声中，我国证券市场法制建设开始缓慢谨慎地进行，部分法律出现了对注册会计师法律责任的规定①，为注册会计师承担民事责任奠定了基础。但这些法律规定在实施过程中仍受到行政、刑事处罚门槛和诉讼方式等局限，尤其是行政处罚门槛长期广受业界和学者们的争议。直到 2018 年“大智慧案”前，都几乎没有会计师事务所或相关注册会计师出现因虚假陈述承担民事赔偿的案例。加之脱钩改制后事务所为规避民事责任普遍选择采用有限责任制作为其组织形式，这更加确保了会计师事务所的管理者——股东（隐形合伙人）即使受到法律的制裁也只需承担有限的责任，与其他类似经济规模的国家相比，我国注册会计师行业的审计质量始终处于较低的水平，社会公众普遍对行业有所不满。为了让注册会计师行业更直接地面向社会承担其应尽的责任，2006 年 8 月 27 日我国颁布的《合伙企业法》第五十五条规定，“以专业知识和专门技能为客户提供有偿服务的专业服务机构，可以设立为特殊的普通合伙企业”，并对特殊的普通合伙企业合伙人的责任形式和特殊的普通合伙企业债权人的保护等内容做了规定。而国务院办公厅、财政部及国家工商行政管理总局分别发布的《财政部关于加快发展我国注册会计师行业若干意见的通知》（国办发〔2009〕56 号）和《关于推动大中型会计师事务所采用特殊普通合伙组织形式的暂行规定》，都是为中大型会计师事务所采用特殊普通合伙组织形式而订立的法规参考，成为会计师事务所从有限责任制向特殊普通合伙制转变的有效法律文件。2012 年 1 月，中国证监会和财政部联合发布了《关于调整证券资格会计师事务所申请条件的通知》（财会〔2012〕2 号），要求申请证券市场从业资格的会计师事务所需在 2013 年底之前完成特殊普通合伙转制工作，否则将无法通过审批。2018 年，财政部、国家市场监督管理总局颁布了《关于推动有限责任会

---

① 1993 年 10 月 31 日颁布的《注册会计师法》第四十二条规定：会计师事务所违反本法规定，给委托人、其他利害关系人造成损失的，应当依法承担赔偿责任；2002 年 1 月 15 日最高法院发布的《关于受理证券市场因虚假陈述引发的民事侵权纠纷案件有关问题的通知》首次涉及了注册会计师的民事责任，但在规定中设置了四项前置性条件，且禁止了集团诉讼的方式，给政策的落地增加了相当的难度。最高人民法院 2003 年 1 月 9 日颁布的《关于审理证券市场因虚假陈述引发的民事赔偿案件的若干规定》和 2007 年 6 月 11 日颁布的《关于审理涉及会计师事务所在审计业务活动中民事侵权赔偿案件的若干规定》。

计师事务所转制为合伙制会计师事务所的暂行规定》（财会〔2018〕5 号）。持续的制度改进，一步一步地促使“隐形合伙人”从幕后走到了台前，变成真正对其行为负责的法律主体，让其因为虚假陈述而导致的损失承担无限连带责任，以此增加合伙人在执业时的风险意识和压力，促使他们工作更加严谨，更重视自身审计质量的提高。大量基于我国会计师事务所组织形式转变对审计质量提升的实证研究间接证明了这一点。

3.3 会计师事务所合伙人为民事责任主体之依据

结合 3.1.1 部分中对国外合伙人演变之路的探究，我们发现，一味地加大注册会计师行业整体民事责任虽然对投资者补偿更为充分，但也会为注册会计师行业的自身发展埋下隐患。马克思主义唯物辩证法告诉我们，在客观存在的事物发展过程中存在许多矛盾，其中在事物发展过程中具有决定性作用的矛盾，叫主要矛盾，要善于抓住重点，集中主要力量解决主要矛盾。因此在我国强化注册会计师行业民事责任的进程中，我们不应只追求“重点”而更应善抓“重点”。在我国，受舆论的不理智引导，注册会计师行业的地位远远低于他们为社会作出的贡献，因为限于为客户保密以及市场上的潜在压力，他们在审计工作中发现的大量舞弊和差错并不会被大肆宣传，反而任何一起审计失败案例出现时，媒体大肆报道，公众群起攻之，面对舆论的“一边倒”，我们应透过现象理性地思考本质。注册会计师行业首先受审计技术和审计成本的影响，工作难度和强度较大，对普通注册会计师而言付出通常高于回报；其次会计师事务所属于民间企业，虽然是政府市场监管的延伸，但不具有行政效力，因此在向金融机构等寻求函证过程中时常受到各种阻力，一定程度上影响了审计结果；最后审计聘用方式的局限性和审计市场竞争，导致注册会计师行业仅能保有有限的独立性。我们应充分认识到经营失败与审计失败之间的区别。注册会计师均是通过严谨学习和实践取得资格的高素质专业人士，执业环境的恶化会造成行业大量人才流失。此时有针对性地选择过错主体作为民事责任承担主体尤为重要。我国目前责任主体主要可分为会计师事务所、注册会计师和合伙人三类。我们认为在加大民事赔偿力度的同时，更应倾向于选择过错合伙人个人作为惩罚的重点。

一方面，谨慎"重所轻师"式处罚，避免对行业整体进行大规模打击，影响事务所做大做强。部分学者认为注册会计师执业均以会计师事务所名义进行的，因此法律责任应由事务所承担。根据《中华人民共和国侵权责任法》(2009)、《关于审理涉及会计师事务所在审计业务活动中民事侵权赔偿案件的若干规定》（2007）第四条第一款、《注册会计师法》（2014）第十六条①均

---

① 《中华人民共和国侵权责任法》(2009) 第三十四条：用人单位的工作人员因执行工作任务造成他人损害的，由用人单位承担侵权责任。《关于审理涉及会计师事务所在审计业务活动中民事侵权赔偿案件的若干规定》(2007) 第四条第一款：会计师事务所因在审计业务活动中对外出具不实报告给利害关系人造成损失的，应当承担侵权赔偿责任，但其能够证明自己没有过错的除外。第五条：注册会计师在审计业务活动中存在下列情形之一，出具不实报告并给利害关系人造成损失的，应当认定会计师事务所与被审计单位承担连带赔偿责任：(一) 与被审计单位恶意串通；(二) 明知被审计单位对重要事项的财务会计处理与国家有关规定相抵触，而不予指明；(三) 明知被审计单位的财务会计处理会直接损害利害关系人的利益，而予以隐瞒或者作不实报告；(四) 明知被审计单位的财务会计处理会导致利害关系人产生重大误解，而不予指明；(五) 明知被审计单位的会计报表的重要事项有不实的内容，而不予指明；(六) 被审计单位示意其作不实报告，而不予拒绝。对被审计单位有前款第 (二) 至第 (五) 项所列行为，注册会计师按照执业准则、规则应当知道的，人民法院应认定其明知。第六条：会计师事务所在审计业务活动中因过失出具不实报告，并给利害关系人造成损失的，人民法院应当根据其过失大小确定其赔偿责任。注册会计师在审计过程中未保持必要的职业谨慎，存在下列情形之一，并导致报告不实的，人民法院应当认定会计师事务所存在过失：(一) 违反注册会计师法第二十条第 (二)、第 (三) 项的规定；(二) 负责审计的注册会计师以低于行业一般成员应具备的专业水准执业；(三) 制定的审计计划存在明显疏漏；(四) 未依据执业准则、规则执行必要的审计程序；(五) 在发现可能存在错误和舞弊的迹象时，未能追加必要的审计程序予以证实或者排除；(六) 未能合理地运用执业准则和规则所要求的重要性原则；(七) 未根据审计的要求采用必要的调查方法获取充分的审计证据；(八) 明知对总体结论有重大影响的特定审计对象缺少判断能力，未能寻求专家意见而直接形成审计结论；(九) 错误判断和评价审计证据；(十) 其他违反执业准则、规则确定的工作程序的行为。《注册会计师法》(2014) 第十六条：注册会计师承办业务，由其所在的会计师事务所统一受理并与委托人签订委托合同。会计师事务所对本所注册会计师依照前款规定承办的业务，承担民事责任。

规定了会计师事务所为主体承担民事责任。对注册会计师个人的民事主体地位则仅有2003年《关于审理证券市场因虚假陈述引发的民事赔偿案件的若干规定》第六条提及直接责任人可作为虚假陈述人列入被告①。但此条与2007年《若干规定》相冲突②，因此在司法实践过程中注册会计师的民事责任主体地位始终存在争议。我们认为应加重对负有直接责任的注册会计师责任，而非将所有民事责任都交由会计师事务所承担，理由如下：第一，正如我们在前面章节描述的，注册会计师属于专业人士，在执业活动中需保有应有的"职业谨慎"，作出职业判断时也具备主观特色。因此在执业中的过失而对第三人造成损害时，应由其个人承担应有的民事责任，这一思想在美国和中国香港等证券市场法制较为健全的国家和地区是一种共识。第二，个别注册会计师违背职业道德或者严重违反执业准则导致审计失败的情况，不意味着整个事务所都存在同一违规行为。相反，大多数事务所为了防范风险，都在努力健全他们的审计风险和质量控制系统。然而审计的过程中需要注册会计师投入大量智力资本，审计质量的高低很大程度上取决于项目负责人（通常是合伙人）的主观判断，再完美的制度安排也无法确保所有项目负责人不会为谋私利而别有用心。因此，我们可以说从违规动机角度来看，事务所层面远小于注册会计师个人层面，据此若无确凿证据表明事务所的审计风险控制存在重大缺陷，不应只对事务所层面作出惩罚，否则易产生"逆淘汰"，不利于注册会计师行业持续做大做强。第三，事务所层面的处罚并不能对过错注册会计师造成有效威慑。注册会计师最赖以生存的资本就是智力资本，智力资本具有很强的资产专用性，它属于个人且通常不会因法律惩罚受损，每每在

① 《关于审理证券市场因虚假陈述引发的民事赔偿案件的若干规定》（2003）第七条虚假陈述证券民事赔偿案件的被告，应当是虚假陈述行为人，包括：（一）发起人、控股股东等实际控制人；（二）发行人或者上市公司；（三）证券承销商；（四）证券上市推荐人；（五）会计师事务所、律师事务所、资产评估机构等专业中介服务机构；（六）上述（二）、（三）、（四）项所涉单位中负有责任的董事、监事和经理等高级管理人员以及（五）项中直接责任人；（七）其他作出虚假陈述的机构或者自然人。

② 《关于审理涉及会计师事务所在审计业务活动中民事侵权赔偿案件的若干规定》（2007）第十三条　本规定自公布之日起施行。本院过去发布的有关会计师事务所民事责任的相关规定，与本规定相抵触的，不再适用。

事务所遭遇处罚变故时，这些始作俑者通常只需摇身一变即可在其他事务所的名头下继续他们的不法行为。最典型的例子就是 2019 年“爆雷”的“康得新”案，年报信息显示，2010—2011 年康得新聘用的会计师事务所为鹏城会计师事务所，2010 年签字会计师为卢剑波和刘涛。2011 年报为李洪和刘涛。鹏城会计师事务所因“绿大地”等案发，大量合伙人带着团队陆续撤离。2014 年鹏域会计师事务所被证监会处罚时几乎是个空壳，而后鹏域会计师事务所并入国富浩华会计师事务所，于是康得新 2012 年审计机构摇身一变成为了国富浩华，但这两年年报签字会计师仍是来自原鹏城会计师事务所的刘涛和孙忠英。自 2013 年始，康得新的审计机构又变成了合并了国富浩华会计师事务所的瑞华会计师事务所，而年报签字会计师仍是来自原鹏城会计师事务所的刘涛和孙忠英。从时间顺序来看，正是刘涛、李洪和孙忠英等人，将康得新的业务，带到了后来的瑞华会计师事务所。而无一例外，这三人在其他涉及欺诈发行或财务造假的上市公司年报审计中，未能勤勉尽责而遭到监管处罚。2019 年康得新“爆雷”，对瑞华会计师事务所造成了极其负面的影响，又有审计团队开始陆续撤离瑞华会计师事务所，带着曾经的业务，换上新的事务所头衔。由此可见，在行业人才流失严重、人才稀缺的情况下，客户资源个人化是国内事务所普遍存在的现象，有“资源”的审计团队在审计行业的就业市场具有相当的优势。而对会计师事务所层面的重罚对他们并不能造成有效威慑，反而是拥有长久历史的国内超大所，多年基业被毁于一旦。第四，倾向于对事务所的处罚不利于事务所做大做强。如 3.1.1 部分所述，随着经济发展，科技进步以及全球化进程，会计师事务所规模化发展成为必然趋势。事务所合伙人数量增加，面对更细化的分工，因业务领域和地域的不同，各合伙人之间开展业务是相对独立的。因此，合伙人之间的沟通成本大量增加，合伙人之间熟悉程度的弱化无疑加大了其信息不对称程度，也增加了不同合伙人之间互相监督的难度（蒋尧明，2013）。对事务所整体的惩罚，尤其是整个会计师事务所层面的停业整改，不利于保持事务所经营的稳定，对无过错的合伙人及其他事务所成员是不公平的。

另一方面，在针对过错注册会计师进行惩罚时，应将非合伙人的注册会计师与具有合伙人身份的注册会计师加以区分。以合伙人作为重点，才能使合伙人的个人财富对审计质量进行担保，发挥合伙制下民事责任的威慑效应。根据民法的“三公”原则在分配责任时，应与这个人享受的“权”以及获得的“利”相匹配。首先，从在审计活动中掌握的“权”来看，非合伙人的签字注册会计师在事务所的执业过程中必然是从属于项目合伙人的。在最初始对业务的风险评估到决定是否承接该项目、到后期与管理层沟通上，注册会计师均处于配合听从合伙人的状态。其次，在利益分配上，非合伙注册会计师无法享受与项目合伙人同等的权利。因此，非合伙人注册会计师与合伙人同罚显然是不公平的。在我国，根据 2012 年 11 月《财政部关于注册会计师在审计报告上签名盖章有关问题的通知》规定，特殊普通合伙制会计师事务所出具的审计报告，应当由一名对审计项目负最终复核责任的合伙人和一名负责该项目的注册会计师签名盖章。而《中国注册会计师审计准则第 1121 号——对财务报表审计实施的质量控制》（2010）第十三条规定，如果项目合伙人以外的其他注册会计师在审计报告上签字，本准则对项目合伙人作出的规定也适用于该签字注册会计师。由此可以看出，我国的非合伙人签字会计师和合伙人在同一项目上是承担相同的民事责任的。甚至根据对比近 15 年证监会对会计师事务所虚假陈述的行政处罚决定书，我们也可以看到合伙人与非合伙人签字会计师在行政责任上也并无不同。这样的责任制度设计将对非合伙人注册会计师的工作热情造成打击，久而久之，甚至会使他们因为付出和回报的不对等而离开行业。

综上所述，我们认为构建以合伙人为主要责任主体的民事责任体系可较为精准地处罚责任人，不但能对在执业和监管都处于重要作用的合伙人产生有效威慑，使其更加重视审计质量，也不会因过度波及事务所其他无辜人员带来行业内部的大变动，最终影响整体审计市场的秩序。因此，本书将合伙人这一特殊主体的民事责任作为主要研究对象。

第4章　会计师事务所合伙人民事责任与审计质量的理论概述

在理论概述部分，我们将分别对合伙人民事责任及审计质量的相关概念进行整理、分析和界定，并对会计师事务所合伙人民事责任与审计质量产生影响的因素及相关理论基础进行系统挖掘，为后续的数理模型的构建和实证研究设计提供指导。具体内容包括：首先，合伙人民事责任具有强制性。民事责任、行政责任和刑事责任都属于公民的法律责任，其存在的目的在于通过对违法者进行惩罚来维护社会经济秩序，据此通过对违规违法的会计师事务所合伙人处以精神和物质上的惩罚，可为受害者伸张正义，体现了社会的公平。其次，对本书的理论基础——威慑理论、劳动价值理论及不完全契约理论进行简明阐述，并结合本书研究内容总结的理论基础对本书的价值和借鉴意义。

4.1　会计师事务所合伙人民事责任的概念界定

基于3.1节中对会计师事务所合伙人民事责任制度背景的概述，我们对会计师事务所合伙人的演变和我国注册会计师民事责任制度有了大致的了解。接下来我们将对会计师事务所合伙人民事责任作出更细致的分析，并在此基础上总结其特征进行界定，分析相关的影响因素和挖掘可行的度量方法，使我们对概念更为清晰，为后续章节中数理模型的建立和实证分析中变量的选择提供依据。

4.1.1 会计师事务所合伙人民事责任的特征及类型

（1）会计师事务所合伙人民事责任的特征。会计师事务所合伙人是指以其智力资产或物资资产等投资于事务所中，参与合伙经营，并依法享受权利与义务的自然人。对合伙人而言最重要的一条义务便是对事务所债务承担无限（或有限）责任。会计师事务所合伙人的民事责任是指在民事活动中作为会计师事务所合伙人的专业人士，因实施了民事违法行为，依法应承担的民事法律后果或者基于法律特别规定而应承担的民事法律责任。

根据3.1节对合伙人演变之路的描述，我们可以看到合伙人民事责任制度从源头上就是为了保障注册会计师行业的执业质量而产生的。它一方面监督合伙人履行应尽义务，促使他们提高产品（审计）质量；另一方面通过财产性补偿对受害者（会计信息使用者）权益进行保护，恢复他们对行业的信心。因此，我们可将合伙人民事责任特征归纳如下：

首先，合伙人民事法律责任具有强制性。民事责任与行政责任和刑事责任都属于公民的法律责任，其存在的目的在于对违法者进行惩罚来维护社会经济秩序，对违规违法的会计师事务所合伙人处以精神和物质上的惩罚，可为受害者伸张正义，体现了社会的公平。

其次，合伙人民事责任具有补偿性。合伙人若在执业过程中直接或间接地给他方造成财产的损失，则需以财产性赔偿的方式予以恢复，受害人（主要是投资者）是否能公平及时地得到补偿，是证券市场公平程度的重要判断依据。

最后，合伙人民事责任具有威慑性。有效的民事责任制度使合伙人在执业活动中必须将违法所需承担的风险和可能的赔偿纳入考量，从主观上促使他们一方面提高自身能力，尽可能地提供更专业的服务；另一方面降低他们主动违规的动机，在执业时更加谨慎，最终带来审计质量的提高。

（2）会计师事务所合伙人民事责任的类型。合伙人民事责任根据不同的划分依据可进行不同的分类。第一，根据责任发生原因的不同可分为：违约责任与侵权责任；第二，根据合伙人活动类型可分为执业责任与非执业责任；

第三，根据承担民事责任的主体数量的不同可分为个人责任与连带责任；第四，根据合伙人承担责任的财产范围的不同可分为有限责任与无限责任。

①侵权责任与违约责任。合伙人在日常工作中主要的责任包括：第一，与被审计单位洽谈审计项目，并接受委托人的审计委托。第二，以主审会计师身份为被审计单位提供服务并出具审计报告。因此，合伙人的民事责任第一种是对委托人的违约责任，主要指不能按时完成工作、不能按专业要求出具合法审计报告以及不能对执业过程中获知的商业秘密进行保密。另一种是合伙人作为主审会计师在提供审计服务时违反职业注意义务，出具不实财务报告，导致委托人以外的第三人损害的所应承担的责任，属于侵权责任。法律制度对合伙人所需承担侵权责任或违约责任的界定，在很大程度上决定了合伙人被起诉的概率，并对合伙人行为造成极大影响。关于这部分内容我们在 3.1.1 部分中对合伙人演变过程有所涉及，此处不赘述。本书中主要涉及的是合伙人对第三人的侵权责任。

②有限责任与无限责任。合伙人的民事责任按照承担责任的财产范围可以分为无限责任与有限责任。无限责任的财产范围囊括了合伙人的全部个人财产，而有限责任是指仅在一定范围内承担一定数额的民事责任。合伙人需对合伙企业的债务承担无限连带责任的情况发生在普通合伙制会计师事务所中，而特殊普通合伙制下，合伙人的民事责任可能同时存在有限责任和无限责任，呈现出“二元性”特征。

2006 年我国新的《合伙企业法》规定会计师事务所可以直接适用特殊的普通合伙制度。在特殊的普通合伙中，每个执业合伙人都有可能承担有限责任和无限责任两种情况，且每个执业合伙人不可能对同一项合伙事务所债务同时承担有限责任和无限责任。合伙人在执业活动中无论是因故意或非故意的重大过失造成合伙企业债务的，都应承担无限责任或者无限连带责任。但执业者变更为其他执业合伙人时，因其他执业合伙人故意或者重大过失造成的合伙事务所债务，则以其在合伙事务所中的财产份额为限承担比例责任。

③个人责任和连带责任。根据承担民事责任的主体数量的不同，合伙人民事责任可以分为个人责任与连带责任。个人责任是指由单个合伙人独立承担的民事责任。连带责任是指在法律规定或参与者约定的条件下，两个或两

个以上的连带合伙人都对不履行义务承担全部责任。《民法通则》第三十五条第二款也作了相关规定，当偿还的债务超过合伙人自己能够承担的数额时，债权人有权向其他合伙人追索，以保障债权人的利益，因此连带责任让事务所中合伙人之间有了相互监督的动力。

连带责任在债务承担时也分先后顺序，一般可划分为一般连带责任与补充连带责任。一般连带责任是指不分主次的债务偿还，所有合伙人对整个债务都无条件地承担连带责任，因此，债权人可以随意要求任一债务合伙人清偿债务。而补充连带责任则在清偿时有先后之分，只有当主债务人不履行或不能完全履行义务时，才可以向第二顺位的债务人请求追偿，当有保证人存在时，只有当被保证人不能偿还债务时，才可向保证人请求追偿。

④执业责任与非执业责任。合伙人既是会计师事务所的管理者又通常是会计师事务所的主审会计师。因此，他们的活动可分执业活动和非执业活动。执业活动是指合伙人按照委托协议约定以获取服务报酬为条件而执行和实施合伙业务的行为 。非执业活动是指执业活动以外的行为，包括合伙人为承租经营场所而签订租赁合同的行为、为融资而签订借款合同的行为等合伙人以维持合伙组织存续为目的而实施的行为（田土城，2007）。本书主要讨论的只是合伙人的执业责任。在普通合伙制会计师事务所中，无需区分非执业责任与执业责任，因为每个合伙人要对其他合伙人的行为承担连带责任；但在特殊普通合伙制会计师事务所中，由于存在有限责任与无限责任划分的问题，因此有效界定合伙人的执业责任至关重要。

会计师事务所的执业活动中，对同一项业务，会计师事务所可以指派一位或数位合伙人共同执行。按照执业活动的分工，通常可将执业合伙人行为分为执业行为和监督行为。目前，相关法律并未对执业行为和监督行为产生的责任作出界定，导致从法律规定的层面上看，在特殊的普通合伙制度下只有当合伙人存在过错时才承担无限责任，而其他合伙人对此承担有限责任。但是在监督其他行为人执业过程中出现过错行为，监督者若为合伙人，则必须一起承担无限连带责任；若该人不是合伙人，则将其归集为“合伙企业的其他债务”，由全体合伙人对该债务承担无限连带责任。这显然有失公平，加重了无辜合伙人的责任，也不符合特殊普通合伙制度的立法目的。因此，我们认为对《合伙企业法》第五十七条的内容需作扩大解释，将非合伙人行为过失造成的合伙债务也纳入应当承担责任的范围中来，一同视作合伙人过错，由负有监管职责的合伙人承担无限连带责任。

4.1.2　会计师事务所合伙人民事责任的影响因素

（1）会计师事务所合伙人民事责任的生效程序。针对事务所合伙人的民事诉讼和赔偿是一个漫长而复杂的过程，其过程中的每一环节都可能对最终合伙人承担的民事责任产生影响，因此在对会计师事务所合伙人民事责任的影响因素进行分析前，需对我国会计师事务所合伙人民事责任的生效程序做一个初步了解。为了使该程序更加清晰明了，我们将其表示为图 4－1。

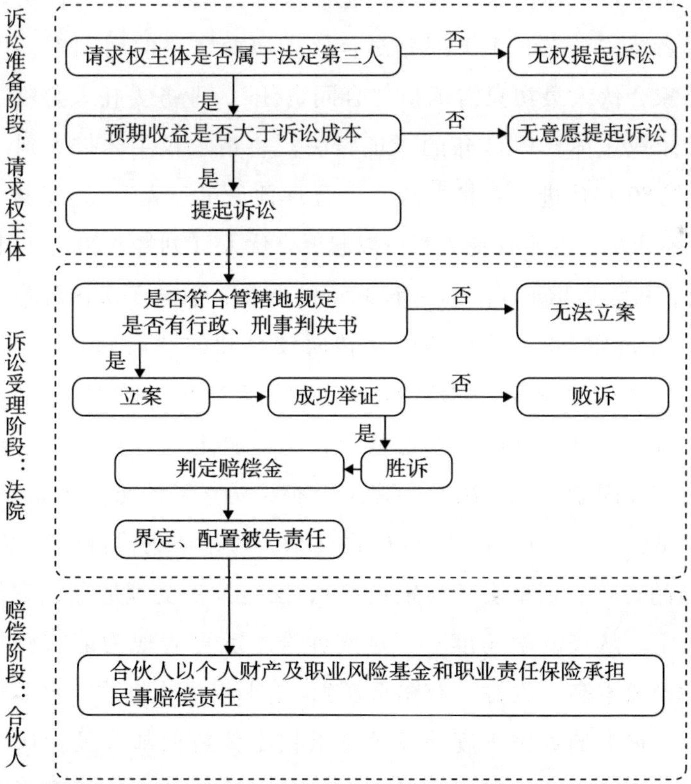

图 4－1　我国会计师事务所合伙人民事责任的生效程序

（2）会计师事务所合伙人民事责任的影响因素。在4.1.1部分中，我们将会计师事务所合伙人民事责任界定为“作为会计师事务所合伙人的专业人士在民事活动中，因实施了民事违法行为，根据民法所承担的对其不利的民事法律后果或者基于法律特别规定而应承担的民事法律责任。”根据威慑效应理论，惩罚的确定性和严厉性决定了合伙人实施违法行为所需承担的民事法律责任。因此，我们可将合伙人的民事责任拆分为合伙人承担民事责任的赔偿概率和力度，并分别从这两个角度挖掘对合伙人民事责任的影响因素。

①与民事赔偿概率相关的因素。结合图4－1，从民事责任处罚生效的过程（请求权主体提起诉讼——法院正式立案——法院出具判决结果）上看，合伙人受到民事惩罚的概率取决于其被相关请求权主体提起诉讼的概率、法院成功立案的概率和请求权胜诉的概率。具体可分为以下影响因素。

第一，请求权主体范围。请求权主体范围是指有权利对合伙人提起民事诉讼的受害者范围。在3.1.1部分对合伙人演变之路的回顾中，可以看到英美等发达国家合伙人最初只需承担“合同责任”，业务委托人是唯一有资格起诉他们的请求权主体。1933年的《证券法》将请求权主体扩大到“已知第三人”。20世纪80年代进一步扩大到“可合理预见第三人”。这意味着在股权高度分散的资本市场，几乎任何人都可以起诉合伙人（刘峰，2001）。请求权主体范围的扩大，极大地增加了合伙人被起诉的概率，引起了美国证券市场的诉讼爆炸。于是20世纪90年代后美国又转向较温和的“已知第三人”（郭丹，2010）。由此可见，请求权主体范围是决定合伙人被起诉概率的一个重要因素。

第二，诉讼难度。诉讼难度是请求权主体决定是否对合伙人提起诉讼时需考虑的决定性因素，也是决定法院是否能成功立案的重要因素。具体而言，它受到举证责任、法律许可的诉讼形式（是否可采取集体诉讼制度）、诉讼门槛（如我国的行政、刑事责任前置规定）、法定案件受理地点、案件的受理时长等因素决定。从经济学角度看，这些诉讼难度可表现为请求权主体的诉讼成本。若诉讼成本高于收益（获赔金额），请求权主体将放弃对合伙人提起诉讼。在我国，最大的诉讼难度是导致请求权主体望而却步及合伙人民事责任追究机制无法形成有效威慑效应的关键。虽然请求权主体不需要承担举证责任，但行政、刑事责任前置的规定导致若中国证监会不对事务所进行行政处罚则无法立案的局面。首先，审计服务质量难以被观察，导致会计师事务所较少被中国证监会立案调查，合伙人受到中国证监会行政监管的覆盖面有限。中国证监会 2017 年度案件办理情况通报显示，2017 年中国证监会稽查部门受理各类违法违规有效线索共计 625 件，其中有 70% 发现自交易监控，而合伙人执业中的违法违规行为无法被交易监控发现，大多数合伙人的违法行为都是在被审计单位“爆雷”后，才被中国证监会关注。其次，行政处罚在时间上具有强烈的滞后性。基于对中国证监会近 15 年对事务所下发的行政处罚决定书的整理，我们发现从虚假陈述发生到中国证监会下达行政处罚决定书的时间为 2—10 年，平均时间为 5 年。根据从事股民维权工作十余年的许峰律师的经验总结，即便在请求权主体苦等到了行政处罚决定书后，从整理相应材料向法院提起诉讼再到被法院成功立案再到开庭少则几个月，多则几年。随后法院开始受理案件又是一个漫长的过程，有的案子甚至走了一两年都还没开庭。即便开庭了，请求权主体（此时可称之为原告）获赔时间大多需要两年到三年，甚至四五年也不在少数。我们可通过简单计算发现在极端情况下原告获赔至少需 5 年，最多甚至可以达到近 20 年。漫长的诉讼之路，不但慢慢地消磨了请求权主体对维权的信心，也给予违法的事务所及相关合伙人充足的时间来转移财产。因此，原告即使打赢了官司也不一定能拿到应有的民事赔偿。

除此之外，我国没有类似美国集团诉讼的制度，请求权主体需单个提出诉讼请求并承担诉讼费用等，这也在不同程度上影响了请求权主体的诉讼成本。

②与严厉程度相关的因素。合伙人民事处罚的严厉程度决定了合伙人最终被判处的赔偿金额数，也决定了请求权主体（此时可称之为债权人）在维权中可从合伙人层面获得的赔偿收益数。见图 4 - 1，民事责任的赔偿过程包括：法院对赔偿金额度的判定——各违法主体间民事责任的判定和分配——开启赔偿程序，各被告依次清偿。那么在这个过程中对合伙人民事责任严厉程度产生影响的主要因素包括：

第一，因果关系及系统风险的判定。在证券市场相对成熟的欧美国家中，证券虚假陈述纠纷中，虚假陈述真相揭示的判定、系统风险因素对投资者损失的影响、实施的判定等等都是诉讼过程中决定赔偿金的讨论焦点（缪因知，

2018）。我国目前还只能简单用推定的方式和公式化的手法来统一套用。根据《中华人民共和国证券法》（2014）和最高人民法院发布的两个关于虚假陈述民事诉讼的司法解释①，在确定赔偿金的过程中，主要依据因果关系判定及系统风险额计算方式两个影响因素。对赔偿金的判断首先需判定原告损失是否且在何种程度上与虚假陈述有因果关系。根据《若干规定》（2003）第十八条规定我国判定因果关系参考标准是基准日②。除此之外，由于证券市场固有的系统风险，法院会按照一定比率进行扣除，目前，这个扣除标准比较混乱，没有明确的方法和具体操作指南，只能靠法官酌情扣除，这部分也导致了索赔金的主要差异。

第二，各违法主体间民事责任的判定和配置。证券虚假陈述赔偿案件是事务所合伙人所面临的最主要民事责任案件类型，而通常在此类型案件中，参与违法违规的虚假陈述行为人有多个③。因此，当总赔偿金判定后，对合伙人民事赔偿责任的判定和配置决定了其最终需承担的赔偿额度。在事务所层面，与责任判定和配置相关的影响因素首先包括合伙人民事责任性质的界定，即合伙人应承担的民事责任的类型（有限责任/无限责任、连带责任/补充责

① 最高人民法院2003年1月9日颁布的《关于审理证券市场因虚假陈述引发的民事赔偿案件的若干规定》，以下简称《若干规定》（2003）和2007年6月11日颁布《关于审理涉及会计师事务所在审计业务活动中民事侵权赔偿案件的若干规定》，以下简称《若干规定》（2007）。

② 《若干规定》（2003）第十八条规定，投资人具有以下情形的，人民法院应当认定虚假陈述与损害结果之间存在因果关系："1. 投资人所投资的是与虚假陈述直接关联的证券；2. 投资人在虚假陈述实施日及以后，至揭露日或者更正日之前买入该证券；3. 投资人在虚假陈述揭露日或者更正日及以后，因卖出该证券发生亏损，或者因持续持有该证券而产生亏损。"

③ 根据《若干规定》（2007）第三条：利害关系人未对被审计单位提起诉讼而直接对会计师事务所提起诉讼的，人民法院应当告知其对会计师事务所和被审计单位一并提起诉讼；利害关系人拒不起诉被审计单位的，人民法院应当通知被审计单位作为共同被告参加诉讼。《若干规定》（2003）第七条：虚假陈述证券民事赔偿案件的被告，应当是虚假陈述行为人，包括：（一）发起人、控股股东等实际控制人；（二）发行人或者上市公司；（三）证券承销商；（四）证券上市推荐人；（五）会计师事务所、律师事务所、资产评估机构等专业中介服务机构；（六）上述（二）、（三）、（四）项所涉单位中负有责任的董事、监事和经理等高级管理人员以及（五）项中直接责任人；（七）其他作出虚假陈述的机构或者自然人。

任)。相关判断依据取决于：事务所组织形式、合伙人违规行为的界定（个人行为/事务所系统风险、执业责任/监管责任)、过错的认定（一般过失/故意或重大过失）以及清偿顺序的安排。

第三，进入实际赔偿程序后，合伙人应以其财产向债权人承担责任。然而，由于我国在个人财产的认定和验证方面存在不完善的地方，导致在违法行为发生时，合伙人可能通过财产转移等方式来规避承担赔偿责任，因此，在我国需要建立个人财产的登记申报制度，以确保在合伙人承担无限责任时的可操作性。否则即使经历了上述漫长的司法过程，债权人还是无法获取应有的赔偿，而民事责任机制依然无法对合伙人产生有效威慑效应。另外职业风险基金和职业责任保险作为民事赔偿的替代赔偿机制，也在一定程度上对合伙人实际需赔偿的金额产生了影响。

4.1.3　会计师事务所合伙人民事责任的度量

根据研究方法和研究目的的不同，合伙人民事责任的度量可从民事责任产生的过程和民事责任改变带来的不同后果两个层面进行分析。其中模拟民事责任产生过程对其进行度量适用于数理模型分析，而根据民事责任变化作为虚拟变量从而验证民事责任的后果被大量用于实证研究中。

(1) 数理模型中会计师事务所合伙人民事责任的度量。威慑效应理论认为违法者的法律成本由被惩罚的概率与惩罚的严厉程度之乘积决定。根据我们在 4.1.1 部分中对合伙人民事责任的理解，合伙人的民事赔偿责任可认为是合伙人违反法律法规所需承担的成本。因此，我们将合伙人的民事责任表示为该合伙人最终赔偿的概率为 r① 与赔偿金额 L 的乘积（见公式 4 - 1)：

$$CL = rL \tag{4-1}$$

另外，在不同法律责任框架下，根据合伙人不同行为的判定，合伙人赔偿范围有所不同。我们可简要通过表 4 - 1 对我国会计师事务所可采用的三种

① r 为投资者最终获得民事赔偿的概率，根据 4.1.2 部分所述会计师事务所合伙人的民事责任的生效程序，此概率是指投资者提起诉讼的概率，法院成功立案及诉讼获胜的概率共同决定。

组织形式下，合伙人民事责任性质界定和处罚范围进行比较。

表 4-1　　不同组织形式下合伙人民事责任对比

事务所组织形式	合伙人过错界定	合伙人民事责任	
		过错合伙人	其他合伙人
有限责任制	无	有限责任	有限责任
普通合伙制	无	无限责任	无限责任
特殊普通合伙制	故意或重大过失	无限责任	有限责任
	非故意或重大过失	无限责任	无限责任

①在有限责任制会计师事务所中，事务所的财产与出资者的个人财产分离，股东以其认缴的出资额为限对公司承担责任①。且对该债务来源也没有相应法规加以区分。无论是哪位股东是否为项目合伙人（执业或非执业）以何种动机发生的审计失败，都由事务所层面承担债务②，且每个股东/项目合伙人都仅需承担有限民事责任。有限责任制会计师事务所合伙人民事责任可用公式（4-2）表示为：

$$CL_L = r\min\{L, R_p + R_o\} \tag{4-2}$$

若该事务所承担责任后，根据相应法律规定③，该事务所内部根据项目合

① 严格意义上讲有限责任制会计师事务所的管理者和执业者应称之为“股东”不应算入合伙人范畴，但由于有限责任制会计师事务所是转制政策前，我国最主要的会计师事务所组织形式，且其内部治理方式与合伙制类似，根据2019年3月修订的《中国注册会计师审计准则第1121号——对财务报表审计实施的质量控制》应用指南中显示：在有限责任公司制的会计师事务所，项目合伙人是指负责某项审计业务及其执行，并代表会计师事务所在出具的审计报告上签字的主任会计师、副主任会计师或类似职位的高级管理人员。因此，我们将此“项目合伙人”作为“执业合伙人”列入对“合伙人”民事责任的分析、对比的过程中。

② 根据《中华人民共和国侵权责任法》（2009）第三十四条：用人单位的工作人员因执行工作任务造成他人损害的，由用人单位承担侵权责任。

③ 根据《中华人民共和国民法总则》（2017）第一百七十八条：二人以上依法承担连带责任的，权利人有权请求部分或者全部连带责任人承担责任。连带责任人的责任份额根据各自责任大小确定；难以确定责任大小的，平均承担责任。实际承担责任超过自己责任份额的连带责任人，有权向其他连带责任人追偿。连带责任，由法律规定或者当事人约定。

伙人的责任大小对内部民事责任进行配置，则有过错合伙人最终需承担的民事责任可表示为见公式（4－3）：

$$CL_L = r\min\{L, R_p\} \tag{4-3}$$

其他合伙人所需承担的民事责任为见公式（4－4）：

$$CL_L = r\min\{\frac{L - R_p}{R_p + R_o}, R_o\} \tag{4-4}$$

若该事务所承担责任后，根据相应法律规定①无法依照项目合伙人的责任大小对内部民事责任进行配置，同时根据民事责任三公原则，股东承担责任应与其在公司取得的收益一致，而有限责任制下股东按股权比例享受收益，因此单个股东/合伙人最终需承担的民事责任按股权比例进行分配见公式（4－5）：

$$CL_L = \frac{1}{R_p + R_o} r\min\{L, R_p + R_o\} \tag{4-5}$$

其中 R_p 为该股东/项目合伙人在事务所认缴的出资额，R_o 为其他股东/项目合伙人在事务所认缴的出资额。

②在普通合伙制会计师事务所中，合伙人无论是因为自身能力低下还是因为主观故意所造成的损失都要承担无限责任，同时还要对其他合伙人或员工所造成的损失承担连带责任。当合伙制事务所发生审计失败时，所有赔偿将优先从事务所合伙人财产中按其承担债务的比例来清偿，如果不足，将要以合伙人个人财产或家庭共有财产来清偿，再不够偿还时，其他各合伙人同样要承担无限连带责任。若某合伙人因故意或者重大过失给合伙企业造成损失，经其他合伙人一致同意，可以决议将其除名②，但此举属于事后事项，无

---

① 根据《中华人民共和国民法总则》（2017）第一百七十八条：二人以上依法承担连带责任的，权利人有权请求部分或者全部连带责任人承担责任。连带责任人的责任份额根据各自责任大小确定；难以确定责任大小的，平均承担责任。实际承担责任超过自己责任份额的连带责任人，有权向其他连带责任人追偿。连带责任，由法律规定或者当事人约定。

② 具体规定参照《中华人民共和国合伙企业法》（以下简称《合伙企业法》）（2006）第四十九条：合伙人有下列情形之一的，经其他合伙人一致同意，可以决议将其除名：（一）未履行出资义务；（二）因故意或者重大过失给合伙企业造成损失；（三）执行合伙事务时有不正当行为；（四）发生合伙协议约定的事由。对合伙人的除名决议应当书面通知被除名人。被除名人接到除名通知之日，除名生效，被除名人退伙。被除名人对除名决议有异议的，可以自接到除名通知之日起三十日内，向人民法院起诉。

碍于债务偿还。在普通合伙制会计师事务所中依然是无论合伙人（执业或非执业）以何种动机发生的审计失败，都由事务所出面承担债务，且每个合伙人均需对事务所无法清偿的债务承担无限连带责任。因此，根据《中华人民共和国注册会计师法》（2014）及《合伙企业法》（2006）相关规定①，普通合伙制会计师事务所合伙人民事责任可用公式（4－6）表示：

$$CL_p = r\min\{L, W_p + W_o\} \tag{4-6}$$

若该事务承担责任后，根据相应法律规定②依照项目合伙人的责任大小对内部民事责任进行配置，则有过错合伙人最终需承担的民事责任见公式（4－7）：

$$CL_p = r\min\{L, W_p\} \tag{4-7}$$

其他合伙人所需承担的民事责任见公式（4－8）：

$$CL_p = \frac{R_o}{R_p + R_o} r\min\{\frac{L - W_p}{W_p + W_o}, W_o\} \tag{4-8}$$

若该事务承担责任后，根据相应法律规定③无法依照项目合伙人的责任大小对内部民事责任进行配置，则由单个股东/合伙人最终需承担的民事责任见

① 具体规定参照《合伙企业法》（2006）第三十三条：合伙企业的利润分配、亏损分担，按照合伙协议的约定办理；合伙协议未约定或者约定不明确的，由合伙人协商决定；协商不成的，由合伙人按照实缴出资比例分配、分担；无法确定出资比例的，由合伙人平均分配、分担。第三十八条：合伙企业对其债务，应先以其全部财产进行清偿。第三十九条：合伙企业不能清偿到期债务的，合伙人承担无限连带责任。第四十条：合伙人由于承担无限连带责任，清偿数额超过本法第三十三条第一款规定的其亏损分担比例的，有权向其他合伙人追偿。《中华人民共和国注册会计师法》（2014）第二十三条规定：合伙设立的会计师事务所的债务，由合伙人按照出资比例或者协议的约定，由合伙人按照出资比例或者协议的约定，以各自的财产承担责任。

② 根据《中华人民共和国民法总则》（2017）第一百七十八条：二人以上依法承担连带责任的，权利人有权请求部分或者全部连带责任人承担责任。连带责任人的责任份额根据各自责任大小确定；难以确定责任大小的，平均承担责任。实际承担责任超过自己责任份额的连带责任人，有权向其他连带责任人追偿。连带责任由法律规定或者当事人约定。

③ 根据《中华人民共和国民法总则》（2017）第一百七十八条：二人以上依法承担连带责任的，权利人有权请求部分或者全部连带责任人承担责任。连带责任人的责任份额根据各自责任大小确定；难以确定责任大小的，平均承担责任。实际承担责任超过自己责任份额的连带责任人，有权向其他连带责任人追偿。连带责任，由法律规定或者当事人约定。

公式4－9：

$$CL_p = \frac{1}{R_p + R_o} r \min\{L, W_p + W_o\} \quad (4-9)$$

其中 W_p 为该执业合伙人个人全部财产（包含其在事务所认缴的出资额），W_o 为其他合伙人个人全部财产（包含其在事务所认缴的出资额）。

③在特殊普通合伙制事务所中，特殊普通合伙制既注重在故意与重大过失情况下保护无过失合伙人，又兼顾一般或轻微过失时合伙人之间的风险共担。因此，合伙人民事责任的界定根据合伙人在执业过程中是否存在故意或重大过失行为存在两种不同情况①，且其他合伙人所承担的责任也与其是否对项目进行干涉有关。

第一，合伙人对执业活动中因故意或重大过失造成的事务所债务，应以事务所财产对外承担责任。事务所承担责任后享有追偿权，该合伙人应对给事务所造成的损失承担全部赔偿责任。因此最终该执业合伙人将以其全部身家为限（包括事务所份额和个人财产）对其不法行为付出代价。此时合伙人民事责任分别用以下算式表示：

a. 当赔偿金金额 L 小于执业合伙人个人财产 W_p 时，民事赔偿责任由执业合伙人个人承担如公式（4－10）所示：

$$CL_{LLP} = rL \quad (4-10)$$

b. 当赔偿金金额 L 大于执业合伙人个人财产 W_p 时，执业合伙人清偿后，

---

① 具体规定参照《合伙企业法》(2006) 第五十七条：一个合伙人或者数个合伙人在执业活动中因故意或者重大过失造成合伙企业债务的，应当承担无限责任或者无限连带责任，其他合伙人以其在合伙企业中的财产份额为限承担责任。合伙人在执业活动中非因故意或者重大过失造成的合伙企业债务以及合伙企业的其他债务，由全体合伙人承担无限连带责任。第五十八条：合伙人执业活动中因故意或者重大过失造成的合伙企业债务，以合伙企业财产对外承担责任后，该合伙人应当按照合伙协议的约定对给合伙企业造成的损失承担赔偿责任。《特殊普通合伙会计师事务所协议范本》(2011年1月20日征求意见稿) 第七十一条规定：一个合伙人或者数个合伙人在执业活动中因故意或重大过失造成事务所债务的，应当承担无限责任或者无限连带责任；其他合伙人以其在事务所中的财产份额为限承担责任。第七十二条规定：合伙人执业活动中因故意或重大过失造成的事务所债务，首先应以事务所财产对外承担责任。事务所承担责任后享有追偿权，该合伙人应对给事务所造成的损失承担全部赔偿责任。

剩余部分由事务所其他合伙人共同赔偿，但以其投入事务所金额为限，即民事赔偿责任如公式（4-11）、公式（4-12）、公式（4-13）所示：

$$CL_{LLP} = r\min\{L, W_p + R_o\} \tag{4-11}$$

执业合伙人民事赔偿责任可表示为：$CL = rW_p$ （4-12）

其他合伙人民事赔偿责任可表示为：$CL = r(\min\{L - W_p, R_o\})$ （4-13）

第二，合伙人在执业活动中非因故意或者重大过失造成的合伙企业债务以及合伙企业的其他债务，由全体合伙人承担无限连带责任，以所有合伙人个人财富为上限。此时合伙人民事责任如公式（4-14）所示：

$$CL_{LLP} = r\min\{L, W_p + W_o\} \tag{4-14}$$

参照《合伙企业法》（2006）第三十三条规定，各合伙人间民事赔偿责任按出资比例分摊，因此，执业合伙人和其他合伙人民事责任如公式（4-15）所示：

$$CL = \frac{R_p}{R_p + R_o} r\min\{L, W_p + W_o\} \tag{4-15}$$

其他合伙人民事责任如公式（4-16）所示：

$$CL = \frac{R_o}{R_p + R_o} r\min\{L, W_p + W_o\} \tag{4-16}$$

（2）实证研究部分合伙人民事责任的度量。实证研究部分要求将民事责任量化成可用于计量的数值，如采用民事诉讼案件的数量（Palmrose，1988）、会计师事务所支付于民事赔偿的金额或是事务所自愿为合伙人购买职业责任保险金额等数值变量。在我国尚无事务所民事赔偿的数据①，事务所自愿购买职业保险情况也暂时不容乐观②。因此，在我国对民事责任的度量通常采用政策发布的时间作为虚拟变量，根据对民事责任有变动作用的法律政策发布前后相关因素的变化方向和程度进行比较来衡量民事责任的作用。如2003年和

① 如4.1.2部分所述，巨大的诉讼难度使我国几乎没有合伙人民事赔偿的案例。2017年大智慧案是我国法院首次明确判决会计师对上市公司造假承担无限连带责任，虽2018年9月21日已有第一批胜诉判决，但大智慧的赔偿还在法律进程中，截至2019年10月底，仍无法获取赔偿数据。

② 根据浙江省注册会计师协会2019年1月出示的研究报告显示，截至2019年1月底，浙江省仅有两家事务所购买了职业责任保险，其他家表示还在考虑是否购买。

2007 年最高法院颁布的两个关于虚假陈述的司法解释（赵国宇和王善平，2008；詹群，2009）以及事务所组织形式转变带来的民事责任的变化（Firth，2012；孔宁宁和李雪，2016；韩维芳，2016；陈小林等，2016；刘启亮等，2015；蒋尧明和唐衍军，2015），前期学者们的研究取得了丰硕的研究成果。

本书以威慑效应作为研究线索，实证研究目的在于验证合伙人民事责任通过对合伙人进行威慑而对审计质量的影响情况。因此基于威慑理论，合伙人民事赔偿的概率和民事赔偿力度的变化是我们选定替代变量的重要考核依据。在相同的事务所和类似的审计项目中，非合伙人注册会计师晋升为合伙人发生身份转变时，民事责任也有了不同的变化。首先合伙人需对其他合伙人的错误承担连带责任，提高了该合伙人的赔偿概率。另外，非合伙人注册会计师晋升为合伙人后参与了利润分配，扩大了其可用于支付赔偿的个人财产范围，因此，相对于非合伙人注册会计师晋升前，其晋升为合伙人后如若违规，民事赔偿力度亦增强。最终我们将注册会计师晋升为合伙人这一事件（post）作为虚拟变量来衡量合伙人民事责任，身份转变前取值为 0，身份转变后取值为 1。

4.2　审计质量的概念界定

若说审计报告是会计师事务所合伙人通过审计服务向社会公众交出的答卷，那么审计质量就是该试卷的得分情况，它关乎会计师事务所合伙人的社会认同。高质量的审计服务是建立我国市场经济基本秩序、实现有限社会资源的合理配置的微观条件。本书将以审计质量作为最终落脚点，在后续数据模型的推导和实证分析中，审计质量都作为最主要的被解释变量。因此，在本节内容中，我们将对其内涵及特质进行解读，并对其主要影响因素和度量进行分析。

4.2.1 审计质量的特质及界定

首先，审计最终提供的“商品”是信息，不同于其他实物商品，它是看不见摸不着的。这就使审计信息使用者无法像其他有形商品使用者一样，根据产品外观、材质等外在特征判断其质量。因此，审计质量具有难以被观察这一特质。其次，大多数实物商品有统一的质量标准，可通过特殊技术方法对其质量进行测定，并据此以合格证作为其质量证明。而审计的存在是为了缓解管理层和投资者之间的信息不对称。会计师事务所合伙人属于专业人士，提供的是以智力投入为最重要生产要素的服务，服务过程需涉及大量复杂的专业判断，这决定了审计质量难以采用统一标准进行度量。再次，审计质量难以被验证，且验证过程具有滞后性。实践中，通常需监管部门对其进行立案调查才可判断出该审计产品质量的好坏。我们在整理了中国证监会近15年对事务所审计质量进行的立案调查后发现，这个调查过程复杂且漫长。从事务所发表审计报告到中国证监会出具行政处罚决议书平均需耗时4.8年，可见审计质量不但验证难度大且质量被感知具有滞后性。鉴于以上审计质量的特质，关于审计质量的概念一直无法形成一致的结论。

在社会学领域，认为质量是商品客观价值和使用价值的现量。劳动价值理论认为任何商品都具有二重性，是使用价值和价值的对立统一体，两者相互依存不可分割。审计服务提供的是一种特殊的信息产品，因此在我们界定审计质量时可从“价值”与“使用价值”两个层面进行分析。

（1）价值层面。首先，审计信息是一种劳动产品，具有价值的属性，价值是凝结在商品中无差别的人类劳动。我们将“价值”层面的审计质量引申为该审计产品中凝结的人类劳动的一种体现。从产品的供给侧（审计师）角度出发，价值高低取决于审计师个人能力以及其在审计执行过程中的投入情况、是否在准则规定的范围内达到应尽的勤勉，侧重于程序理性。以往学者与此角度相近的研究主要认为审计质量是审计服务提供者在审计活动中行为符合适用的审计准则的程度（Krishnan & Schauer，2001），但这一角度局限性在于，审计准则也是在不断地完善中，而且审计师是否遵守准则，是否做到应有的勤勉，难于观察和判断。在这一角度中，最经典的是沃兹和齐默曼（Watts & Zimmerma，1980）提出的，审计质量就是注册会计师发现（detect）并揭露（report）财务报表中违规行为的概率，算式 $AQ = F(P_D, P_R)$ 可表达审计质量的形成过程。迪安杰罗（DeAngelo，1981）将他们的观点加以继承和提炼，她将审计质量从审计师的素质、能力、职业道德及独立性角度进行界定，认为发现客户企业财务报表中存在重大错报漏报现象的可能性取决于审计师的努力程度和胜任能力，而报告这些现象以及客户企业违规财务行为的可能性则取决于审计师的独立性。至今为止这一观点成为国内外被引用最为广泛的审计质量概念。另外威林厄姆和雅各布森（Willingham & Jacobson，1985）从供给侧的风险角度提出，审计质量取决于审计师是否能够将检查风险降低到使最终审计风险处于恰当的低水平。武藤（Wooten，2003）认为审计质量应该是动态的，他分别从事务所、审计团队和审计师个人三个层面上分析了审计质量的形成是个需要全面控制的过程。

因此从“价值”层面来看，我们认为，在审计质量体现了审计活动的生产过程中，审计服务提供者凝结于审计工作的人类劳动对审计产品价值的增量。

（2）使用价值层面。使用价值是商品可供人们使用，满足人们某种需要的价值。同种商品因使用者及使用方式的不同可表现出不同的使用价值。审计信息是一种具有使用价值的物品主要表现在以下几个方面：首先，对被审计单位而言，审计服务可促使其在编制财务报表时更为遵守相关会计准则和相关法规，减少其盈余管理或财务舞弊的动机。对投资者而言，被审计过的会计信息可信度相应增加，更有助于他们作出合理的投资决策。“使用价值”层面的审计质量是从商品的需求侧（使用者）角度出发，表示为审计产品能够对各使用者造成的正面影响以及其满足各审计服务使用者的程度，侧重于结果理性。以往学者与“使用价值”层面的审计质量相近的观点包括：沃拉斯（Wallance，1980）将审计质量定义为审计人员减少会计数据中包含的“噪声”与偏差，并提高其精确度的能力；道普齐和希姆尼齐（Dopuch & Simunic，1982）将用户感受纳入审计质量衡量标准，他们认为，审计质量应为使用者认为经过审计的财务报表可信程度的高低。可是这类观点由于会计信息质量和用户感受难于被观察，因此对此审计质量的定义仅停留在理论层面，在现实中操作性较弱。后续学者们进一步对观察审计质量的可操作性加以深入研究，帕莫洛斯（Palmoros，1988）采用逆向思维法认为审计失败代表低质量的审计，因此审计质量应该根据财报中不包含重大遗漏或虚假陈述的概率来定义；戴（Dye，1993）将审计质量定义为，被审计单位因财务信息不实被注册会计师出具非标审计报告且最终该被审计单位被证实经营失败的条件概率；德丰（Defond，2002）沿用了戴（Dye）的观点，将审计质量定义为审计人员对包含重大错报的财务报表签发非标准审计意见的概率。这些观点使审计质量的界定具有操作性，但依赖经营失败作为衡量标准，具有一定滞后性。弗朗西斯（Francis，2011）发现审计师发现且披露被审计单位财务报表违规情况的概率越低，被审计单位管理层对利润的盈余管理空间越大，他通过逻辑演绎和公式推导认为被审计单位财务报表的盈余质量可作为代表审计质量的直接指标。随着研究的深入，学者们检验了审计质量各种替代指标的有效性，发现Jones模型计算出的可操控性应计能最准确地度量审计质量的高低（Francis，2011；Qi et al.，2018；唐清泉等，2018）。另外，我国学者也在需求侧角度进行了研究，其中孙宝厚（2008）将审计质量分为狭义和广义两个层次，其中，狭义的审计质量是指审计事项与审计结论的拟合程度，而广义的审计质量除了狭义定义以外加上审计工作对审计需求的满足程度，即为审计工作及产品在其固有特征上满足信息使用者和社会公众明确或隐含需要的程度（郭颖，2015）。

因此从"使用价值"层面来看，我们认为审计质量可引申为：审计产品能够对各使用者造成的正面影响以及其满足各审计服务使用者的程度。

（3）小结。在我们总结上述前人对审计质量的研究成果时，我们发现，审计质量的定义随着时间、地点和研究角度的不同而不同，并随着社会经济的发展、科学技术的进步而不断丰富。审计质量不是一成不变的概念，而是动态、变化、发展的。正如商品的价值与使用价值缺一不可，我们在概念的界定上无论只考虑审计质量产生过程还是结果都是片面的。张龙平（1994）对审计质量的分析体现了这两者的结合，他认为审计质量具体表现为审计过程的质量和审计人员的质量，以审计报告的质量符合性和可信性为最终体现形式，而两者之间以可信性更为核心。冯均科（2003）也认为，审计质量应当以专业性及社会性来鉴别审计工作以及其产品报告的优劣程度。基于此，我们认为可将审计质量初步界定为：审计产品客观价值和使用价值的现量如图 4－2 所示。从“价值”层面来看，审计质量形成于审计活动的生产过程中，是审计服务提供者凝结于审计工作的人类劳动的一种体现。从“使用价值”层面来看审计质量为审计产品能够对各使用者造成的正面影响以及其满足各审计服务使用者的程度。在后续的研究中，我们认为应设计合适的研究方法从审计质量的这两个层面进行验证。首先，在“价值”层面（供给侧层面），我们认为 Watts & Zimmerman（1980）、DeAngelo（1981）对审计质量的定义全面地描绘了审计质量形成过程，有利于我们将合伙人民事责任这一要素代入审计质量的形成过程中，以数理模型作为研究手段，通过模拟推演验证合伙人民事责任对审计质量的影响路径，寻找他们之间的机理关系。随后，在“使用价值”层面（使用者层面），我们认为 Francis（2011）及广大学者证实过的被审计单位盈余管理水平与审计质量的相互替代，既合理又具有可操作性。因此，我们将借鉴 Bartov et al.（2001），在修正 Jones 模型的基础上，估算操纵性应计的绝对值，并以此作为审计质量的替代度量。采用实证分析法，验证合伙人民事责任对审计质量是否存在影响，从主观和客观层面结合分析合伙人民事责任对审计质量的影响机理。

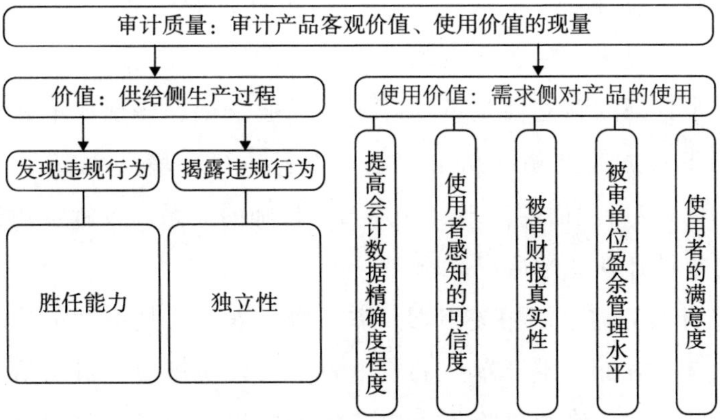

图 4－2　基于劳动价值论的审计质量概念

4.2.2 审计质量的影响因素

根据4.2.1部分我们对审计质量定义的分析，我们可以初步认识到审计质量是价值与使用价值的统一反映，受供给方、使用者以及外部环境的多方面影响，它是一个综合性的指标。延续上一部分的逻辑思路，这一部分我们将进一步挖掘对审计质量产生影响的要素，寻找审计质量提升的有效路径，为后续分析和研究变量的选取奠定基础。

（1）审计服务供给侧相关因素。审计服务是一种人的服务，包含了强烈的主观意识，服务的提供者对审计质量的影响最为直接。从审计服务的供给侧看影响因素可从胜任能力和独立性两个角度来看。第一，审计师的胜任能力决定了该审计师是否能识别被审计单位可能存在的舞弊行为和其他潜在风险，对审计质量有着至关重要的影响。一个合格的审计师首先必须具备充足的专业培训和实践经验，其次还需要具备较强的风险意识促使自己在执业过程中做到应有的谨慎，另外，审计师对工作的满意度有助于其在工作中加大投入使工作更为充分。除此之外，会计师事务所作为对审计师执业的管理机构和辅助平台，也与审计师的专业胜任力相辅相成。事务所推行的审计理念、提供的技术方法、质量控制体系、审计计划的科学性以及对人员的激励体制都将投映在审计师的专业胜任能力上。第二，审计师的独立性是社会公众对审计师服务的信任基础，若失去了公众对审计师的信心，行业将无法生存，审计质量更无从提起。独立性表现为审计师报告已发现的被审计单位的财务违规行为，审计师的独立性是审计师个人职业道德、违规成本和违规收益三者共同作用下达成的均衡。从宏观层面看：法律环境（尤其是民事责任机制）、会计师事务所层面的治理、客户与审计师的关系以及社会舆论都将在不同程度上对审计师独立性造成影响。

（2）审计服务需求侧相关因素。需求侧因素主要是指被审计单位对审计质量的影响。一方面，审计单位的行业特征、公司规模、组织结构、公司治理结构、内部控制、经营风险等决定了审计师审计项目工作的复杂程度。越是复杂的审计业务隐含的错报信息就越不易被发现，因此，被审计单位的特征将对审计质量间接带来影响。另一方面，在被审计单位信息披露过程中，虚假陈述的最大受益方通常是被审计单位的管理层（实际控制人）。因此，他们最具有违法动机。经审计的财务报表是审计师与客户讨价还价程序的联合产品（Antle & Nalebuff，1991）。因此，被审计单位管理层与审计师之间的关系会通过对审计师行为的影响间接导致审计质量发生改变。审计师的任期、会计师事务所对被审计单位的经济依赖程度、雇佣关系（“旋转门”）等都将通过改变被审计单位管理层与审计师之间的关系，最终带来审计质量的变化。而有效的法律环境和民事责任诉讼机制是平衡被审计单位管理层与审计师之间关系给审计质量带来影响的关键因素。

4.2.3　审计质量的度量

基于本书 4.2.1 中对审计质量的界定，我们认为应采取价值与使用价值、供给侧与需求侧、主客观相结合的方法，才能更全面地分析合伙人民事责任与审计质量之间的机理关系。因此，我们将基于研究目的分别将审计质量从以下两个方面进行度量。

首先，在数理模型的建立中我们将模拟审计质量的产生过程，由于沃特和齐默尔曼（Watts & Zimmerman，1980）以及迪安杰罗（DeAngelo，1981）对审计质量的界定能较好地反映审计质量的形成过程，因此，我们将执业合伙人的审计质量表示为：执业合伙人最终发现公司管理层错报财务信息的概率 p 以及如实出具报告的概率 q 之乘积（见 4－17）：

$$AQ = pq \text{ , } AQ \in (0,1) \tag{4-17}$$

接下来，在实证分析部分，实证研究建立在对相关变量进行量化的基础上，在审计质量的量化中，通常以审计产品的结果（如被审计过的财务数据，审计报告等）作为依据，我们在针对需求侧的审计质量概念研究中发现，盈余管理程度更能有效地代表审计质量，且操作性强。因此，我们主要借鉴 Kothari et al.（2005）的研究，将修正的 Jones 模型加入截距项和被审计单位的资产收益率（ROA）估算操纵性应计 DA，之后再以可操纵应计的绝对值

$|DA|$ 作为审计质量的替代度量值①。具体步骤如下：

（1）将公司净利润减去现金净流量，求出总应计利润（TA），如公式（4－18）所示。

$$TA_t = NI_t - CFO_t \tag{4-18}$$

其中，TA_t 是被审计单位第 t 年的总利润应计，NI_t 是第 t 年的净利润，CFO_t 是第 t 年的经营现金流。

（2）将总应计利润 TA_t 作为被解释变量，以公式 4－19 进行回归。

$$TA_t/A_{t-1} = \alpha_1(1/A_{t-1}) + \alpha_2(\Delta REV_t/A_{t-1}) + \alpha_3(PPE_t/A_{t-1}) + \alpha_4 ROA_t + \varepsilon_t \tag{4-19}$$

在公式中，A_{t-1} 是被审计单位 $t-1$ 年的年末总资产，ΔREV_t 是被审计单位第 t 年相比上一年的主营业收入变动额，PPE_t 是第 t 年末的固定资产价值，ROA_t 是被审计单位第 t 年的资产收益率，为了对数据进行标准化处理，我们将每个变量分别除以 A_{t-1}，ε_t 为第 t 年的误差项。通过此回归方程，我们可求得回归系数 α_1、α_2、α_3、α_4。

（3）代入上一步所求得的回归系数，计算出该年度被审计的非可操纵应计值（见公式 4－20）。

$$NDA_t = \alpha_0 + \alpha_1(1/A_{t-1}) + \alpha_2(\Delta REV_t/A_{t-1} - \Delta REC_t/A_{t-1}) + \alpha_3(PPE_t/A_{t-1}) + \alpha_4 ROA_t \tag{4-20}$$

在公式中，ΔREC_t 是被审计单位第 t 年相比上一年的应收账款净额的变动值。为了对数据进行标准化处理，我们继续将每个变量分别除以 A_{t-1}。

（4）将本年度的总应计利润（TA）进行标准化处理得到本年度的总应计值（TDA）（见公式 4－21）。

$$TDA_t = TA_t/A_{t-1} \tag{4-21}$$

（5）将总应计利润（TDA）减去非可操纵性应计利润（NDA），取其差值的

① 修正 Jones 模型是本书最主要的盈余管理幅度计算方式，除此之外本书还将辅助以 Jones 模型和陆建桥（1999）模型，其中陆建桥模型认为对于中国上市公司，若遗漏无形资产和其他长期资产这一变量，会导致非操纵性应计利润被低估，从而高估盈余管理程度。因此，陆建桥（1999）在修正的 Jones 模型的解释变量中增加了无形资产和其他长期资产变量。因计算方法类似，此处不赘述。

绝对值，即得到可替代审计质量的可操纵性应计的绝对值 $|DA|$（见式 4-22）。

$$|DA| = |TDA_t - NDA_t| \tag{4-22}$$

4.3　会计师事务所合伙人民事责任和审计质量关系的理论基础

4.3.1　威慑理论

威慑理论的概念起源于军事战略领域，近代刑法之父贝卡利亚（Beccaria，1764）将其核心思想引入犯罪学，提出了刑法的预防观，边沁（Jeremy Bentham）延续他的思想并进一步使用经济学方法估算出惩罚作用的收益和成本，使威慑效应的基本框架趋于完善，但威慑理论在现实中的应用受到了犯罪实证学派和犯罪社会学派的质疑，威慑效应关于犯罪成本和收益的计算必须以理性经济人假设作为前提条件，因此更适用于财产型犯罪。而无法解释激情犯罪者或政治犯罪者行为决策的选择。贝克尔（Becker，1989）将犯罪定义为一种追求自身利益最大化的理性行为，开拓性地设计了犯罪供给函数来进一步解释理性犯罪。他将惩罚概率和惩罚力度建立成严格的经济模型，运用数理模型分析了社会成本最低的目标函数下最优惩罚概率和惩罚力度。他的研究给予学者们启发。波斯纳（Posner，1985），派尔（Pyle，1995），莱维特（Levitt，1999），波林斯基和沙维尔（Polinsky & Shavell，1999）均在不同程度上推动了威慑理论的发展。

尽管时代在不停地发展，法律制度在不停地变更，但威慑效应仍然是个历久弥新的话题，学者们对于威慑效应的研究的中心思想聚集在：第一，违法是违法者为实现自身利益最大化，经过成本收益衡量之后所作出的理性选择行为。第二，惩罚概率和惩罚严厉程度的差异对违法者行为呈现出不同的威慑效应。

威慑理论的运作机理可描述为：首先，违法者必须是有能力进行思考、计算的理性经济人。其次，法律制度需有一定的确定性，使违法者可对被惩罚的概率和惩罚力度进行估算。最后，该罪犯将违法收益与成本相减，若结果为正值，违法者将会选择违法，而结果为负值时，违法者会改变其行为或放弃违法。违法收益越是大于违法成本，将鼓励违法者的违法行为，当违法者的违法行为超过社会容忍度时，受害者将推动法律制度进行改革。因此，威慑效应在一定程度上体现了各参与主体之间的相互博弈。

威慑理论是本书最主要研究视角和理论依据，在后续合伙人民事责任和审计质量的机理分析中，我们将对其进一步进行分析。

4.3.2 劳动价值理论

威廉·配第（William Petty）在其经典著作《赋税论》（1662）中把劳动时间看作了衡量价值的尺度和基础。在此基础上亚当·斯密和李嘉图对劳动形成价值的理论和价值量进行了更深入的分析，发展了传统的劳动价值论，马克思在传统劳动价值理论上去芜存菁，将唯物辩证法和历史唯物论作为理论依据，通过对商品关系的分析，得出了以下主要结论：第一，一切商品的价值都是由人的劳动创造的，凝结在商品价值中的社会必要劳动时间是决定商品价格变动的终极原因。第二，商品二因素是自然属性和社会属性：从自然属性来看，商品都具有可以满足人们某种需要的属性，即使用价值；从社会属性来看，商品都可以被它的所有者用来和别人的商品相交换，即交换价值。第三，商品的价值量是由生产商品的社会必要劳动决定的，价格围绕价值上下波动是价值规律作用的表现形式，商品价格虽然时升时降，但商品价格的变动总是以其价值为轴心的。马克思主义劳动价值论的运作逻辑结合了“平均质”和“平均量”的概念，是质态分析和量态分析的结合——现实态。劳动价值论的实践本体是量与质结合的实践空间，即实现数字与实证对象的结合（许光伟，2015）。

审计质量是本书研究的关键，劳动价值理论为我们对审计质量概念的把握奠定了基础，具体分析可见本书 4. 2. 1 部分，此处不赘述。

4.3.3　不完全契约理论

不完全契约理论是在传统的标准契约理论（委托—代理理论）中发展起来的，因为现实中的契约通常是不具体、灵活、有缺口的。因此，当事人若按照完全契约理论计算最优投资方式可能会作出无效的选择，而不完全契约理论以合约的不完全性为研究起点，以财产权和剩余控制权的最佳配置为目的进行研究。

科斯是“不完全契约”的最早提出者，他认为不确定性决定了契约只是原则性的或一般条款。因此，契约是不完全的。威廉姆斯（Williamson，1983）认为交易环境的复杂多变导致契约无法完备，津加莱斯（Zingales，1997）与他们观点类似，他认为契约的不完备性来自高成本与难以预料的或然性。哈特和摩尔（Hart & Moore，1999）在他的基础上进一步发现，当事人之间信息不完全亦是带来契约无法完备的重要因素。另外，契约实施成本的复杂性安德利和菲力（Andlini & Felli，1999）、契约的解读成本威廉姆斯（Williamson，2002）都在一定程度对契约不完全性造成影响。

哈特和摩尔（Hart & Moore，2008）（2009）从行为经济学视角对不完全契约进行的研究具有开拓性。首先，他们对事后可缔结完全契约的假设提出了质疑，其次，他们为行为维度根据各参与方的得失感受设置了“参照点”①，若参与方在契约结束后认为自己在此项活动中处于劣势，则可能产生降低事后绩效或通过投机行为对活动结果造成不利影响。因此，各参与方应在刚性契约和柔性契约之间作出选择。费伦特（Fehretal，2009）通过实验方式对“参照点”进一步研究并得出了契约签订前的竞争环境对契约的效率和结果有重要影响，波萨马（Bosma，2015）在不完全契约中引入博弈论，他认为，交易各方在不完全信息的基础上进行预测并寻求最优的决策过程就是一个经博弈后产生的不完全契约的解。博弈论的使用在不完全契约理论的发展

① 根据 Hart 和 Moore 的理论“参照点”也可以是自己过去享有的权利，当行为人感觉现在所享有的权利比过去差时，亦可能会采取投机行为。

中是一个重大突破，在其帮助下研究者们对各种实际经济问题进行了分析并取得了丰富的结论。如余玉苗等（2003）在不同组织形式中运用了不完全契约理论发现，执业环境和审计失衡是审计质量低下的根源。苏姗娜等（Sunsanne et al.，2014）发现环境因素较个人因素而言对财务决策有更强的影响作用。娜泽塔（Nezhadetal，2015）研究在供应商库存系统供应链中收入分成契约中的相关参数的作用，找到了对供应商库存系统起关键作用的参数。罗勇和陈治亚（2015）研究了银行与物流公司签订的监管合同中的奖惩条款，发现惩罚条款和激励条款是促成供应链中的金融参与者选择有效“合作”的基础。在财务会计审计相关领域，克里斯顿等（Chritensen et al.，2016）研究了会计信息在私人债务中的作用以及对企业战略联盟审计定价的影响。基弗等（Kiefer et al.，2017）以追求利润最大化为前提，尝试着从管理者和股东的关系中确定最优平衡状态。结果表明，管理层提供的人力资本稳定性会随着股东提供的资本增值而增加，管理者和股东的关系也得到加强。

基于不完全契约理论对本书研究的启发在于，会计师事务所合伙人在为被审计单位提供服务的过程实质上是一个不完全契约的缔结过程，参与方包括了执业合伙人、其他合伙人、被审计单位和投资者。在此过程中，他们根据自己所掌握的信息分别预测和判断彼此的选择而作出自己的最优决策。因此，对他们的选择的均衡分析可以使我们对合伙人行为选择对审计质量的影响机理更全面，更为直观。

第 5 章　会计师事务所合伙人民事责任对审计质量影响的机理分析

机理分析是指通过对系统内部运作原理的分析研究，从而找出其发展规律的过程。包括通过对现象进行观察总结得出一般规律以及对事物间各要素内在工作方式的探究。本章我们将采用归纳演绎法将会计师事务所合伙人民事责任对审计质量的影响进行机理分析。

首先，我们将从较为宏观的层面结合第 3 章中合伙人演变的相关背景，观察在现实环境中会计师事务所合伙人民事责任与审计质量之间的关系，思考合伙人民事责任对审计质量带来改变的发生机制；其次，我们将发掘构成合伙人民事责任与审计质量的各要素的内在工作方式，并以威慑效应为线索探寻各要素在不同环境条件下的运行规则。

5.1　会计师事务所合伙人民事责任与审计质量关系的历史观察与发生机制

5.1.1　合伙人民事责任与审计质量关系的历史观察

根据不完全契约理论，社会是由有限理性的经济人组成的，市场活动是各参与方根据有限信息选择行为方式相互博弈的过程。若是博弈各方存在明显利益失衡，则需通过民事法律手段对利益受损者进行补偿，对施害者进行惩罚，从而将失衡的各方利益进行修复，才能使市场秩序持续健康稳定地发展。下面我们将结合我们对合伙人演变史的知识背景的了解，借鉴刘峰和许菲（2002）使用的四象限分析法，将合伙人民事责任高低与审计质量高低之间分为如下组合（见图5-1），并对不同组合下呈现的社会状态进行分析。

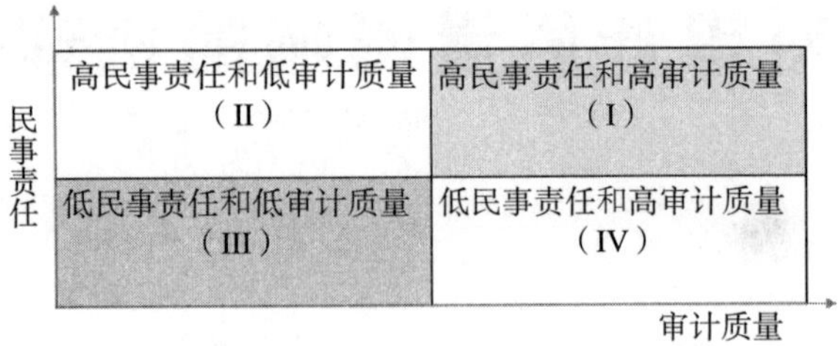

图5-1 合伙人民事责任与审计质量的四象限图

（1）低民事责任、高审计质量。低民事责任、高审计质量是一种理想状态。根据审计行业发展的时间轴，早期合伙人民事责任与审计质量的关系出现在图5-1的第四象限中。在第3章中我们提到，审计行业是经济社会发展中为了缓解两权分离下的信息不对称问题而自然产生的产物。在审计行业发展的萌芽阶段，民事责任机制尚未成型，合伙人所需承担的民事责任处于最低水平。而在当时的环境下，审计行业作为一个新兴的行业急需获取社会公众的关注和认同，会计师事务所合伙人的社会地位和长远经济来源来自其提供审计服务被社会认可程度的高低。因此，提高声誉、占领市场的动力超过了短期经济收益带来的直接利益，无论民事法律责任的高低，作为该行业发展主要力量的会计师事务所合伙人都有充分的动机对彼此监督约束，竭尽全力以当时技术所能达到的高度，提供最优质的审计服务。这就形成了第Ⅳ象限中，低民事责任和高审计质量的现象，可见在这种情况下，民事责任对审计质量的影响并不密切。

回顾过去，展望未来。我们认为，低法律责任与高审计质量不但曾是审计行业发展的初始状态，亦将是审计行业的最终方向。根据马斯洛需求层次理论①，当人类受到生存压力影响时，他对金钱和物质的需求较为强烈，只有

① 马斯洛需求层次理论认为人类需求像阶梯一样从低到高按层次分为五种，即生理需求、安全需求、社交需求、尊重需求和自我实现需求。

当人从生理需要的控制下解放出来时，才可能出现更高级的、社会化程度更高的需要。因此，我们认为，随着社会物质的发达，人类文明的进步，最终合伙人的需求趋于自我实现时，亦无须民事责任的束缚，也将发挥出"匠人"精神，对专业精益求精，保有较高的审计质量，直至整个社会不再需要审计行业。

可见第四象限对社会来说是个"理想"状态，它的实现需同时满足以下几点：第一，社会对合伙人提供审计服务的有效需求；第二，合伙人具备较高的职业道德和社会使命感；第三，社会经济发展平稳，合伙人无竞争压力或生存压力以及合伙人对未来获利的预期高于侥幸行为带来的短期利益。

（2）低民事责任、低审计质量。图5-1第三象限中，低民事责任、低审计质量状态在审计发展史上看也存在两种情形。

第一种情形出现在20世纪70年代的欧美资本市场发达国家，随着市场经济的波动，被审计单位的管理层在面对不利经济形势时，为确保自身的利益会产生舞弊的驱动。政府为了稳定市场秩序，提出了强制性的审计要求，导致此时的审计需求包含了大量因法律规定非自发形成的无效需求，在管理层舞弊动机的驱使下，极大可能通过提高舞弊手段避免被合伙人识别、以经济利益对合伙人进行诱惑以及以终止审计服务作为威胁来促使合伙人牺牲审计质量来迎合他达到舞弊的目的。而在此时，审计行业也已经过萌芽和迅速发展阶段，形成了高度竞争的市场环境。一方面，部分合伙人迫于生存压力，不免对自身收益和可能承担的民事责任作出评估。当牺牲审计质量可能带来的民事责任低于其可能为自己获取的经济利益时，合伙人极有可能存在侥幸心理，不顾及职业道德和长远利益作出短视的决定。另一方面，在无效的审计需求市场中，不愿意牺牲审计质量的合伙人则可能因失去竞争优势遭到行业的排挤，被迫离开行业，形成"劣币驱逐良币"的状态。

第二种情形出现在我国改革开放后并在我国持续了较长时间，造成原因在于我国注册会计师行业缺乏有效的审计市场需求，被审计单位对高质量审计并无要求。在长期"挂靠制"和"有限责任制"保护下的会计师事务所主要负责人长期面对较低甚至几乎不存在的民事责任下，内在无通过提高自身执业水平以提升审计质量的动机，外在还很可能有产生迎合被审计单位管理层进行舞弊的倾向。虽然至今亦没有完全、充分的证据证明该过程的结束，但随着我国注册会计师行业“改制”及各项民事法律制度的进步，合伙人民事责任正在不断加强，我们能感受到我国正在从第三象限中低民事责任、低审计质量的状态向第一象限高民事责任、高审计质量的道路上不断前进。

由此可见，图 5 - 1 第三象限中低民事责任、低审计质量主要的形成因素是政府干预导致审计市场需求的无效性、审计市场的充分竞争及被审计单位管理层的舞弊动机。但这种状态绝无可能一直持续。因为当社会公众利益不能得到有效的保障时，他们迫切地需要通过推动法律制度的改进，使市场中各参与者利益达到新的均衡。因此在这种情形下，合伙人民事责任对审计质量的影响将呈现明显的促进作用。

（3）高民事责任、低审计质量。图 5 - 1 第二象限中，高民事责任、低审计质量的情形对会计师事务所合伙人来说是噩梦般的存在，美国的“诉讼爆炸”正是这种情形的具体表现，该情形的产生在于经济发展极度下滑，民事法律制度的进程却在持续推进，合伙人对牺牲审计质量产生的民事责任产生了错误的估计，或迫于短期生存压力而选择铤而走险，最终被证实为这种牺牲审计质量的行为是饮鸩止渴。在这一情形下大量会计师事务所倒闭，合伙人被迫离开行业。

这种极端情形只是一种短期现象。因为一旦发生即会被市场规律迅速扭转。一方面，留在行业的合伙人会更加重视并重新评估民事责任，提高执业质量将可能面临的风险降低到可容忍的范围。另一方面，合伙人将积极推动民事责任制度的改革，扭转自己处于市场参与者中的劣势地位让市场重回均衡。在此过程中，合伙人民事责任对审计质量的影响将呈现明显的促进作用。

（4）高民事责任、高审计质量。图 5 - 1 第一象限中，高民事责任、高审计质量则是现代市场经济的常态。在相对严格民事责任制度中，合伙人的理性行为则是提高审计质量来降低审计失败需要承受的民事赔偿责任。会计师事务所会通过强化项目组人员配备、加大项目质量控制复核力度、增加审计程序等手段，调低对审计风险的容忍度，以面临法律风险与法律责任的增加，以保持审计风险在合理水平，尤其是对面临法律风险较大的上市公司。但由于成本制约，很多情况下审计师们难以进行详细审计，于是他们在出具审计意见时会更为谨慎，从而达到自我保护的目的，也是降低审计风险的一种方法（Lennox，2000）。在此过程中，合伙人民事责任对审计质量的影响将呈现明显的促进作用。

这一情形的出现要求具备的社会经济环境有以下几点：第一，市场经济发展较为稳定，审计市场竞争处于健康合理水平。第二，社会公众对有效审计的需求更为强烈。第三，民事法律制度较为清晰，市场参与方可对自身违法成本有较为准确的预估。

5.1.2　合伙人民事责任与审计质量关系的发生机制

通过我们对会计师事务所合伙人民事责任与审计质量关系的历史观察，我们有如下几点发现：第一，会计师事务所合伙人民事责任对审计质量的影响并不是与生俱来的，且最终将随着社会的进步而最终消失。第二，正常的市场规律下，合伙人民事责任对审计质量有正向的促进作用。第三，合伙人民事责任对审计质量的影响程度取决于各市场参与方的博弈均衡，若因经济环境波动等因素造成了短暂的失衡，处于劣势的参与方将通过对政府施加压力，促使政府通过对民事法律制度的调节，引导审计质量向更好的方向发展。

因此，我们可将会计师事务所合伙人民事责任与审计质量的一般发生机制用图 5－2 表示。

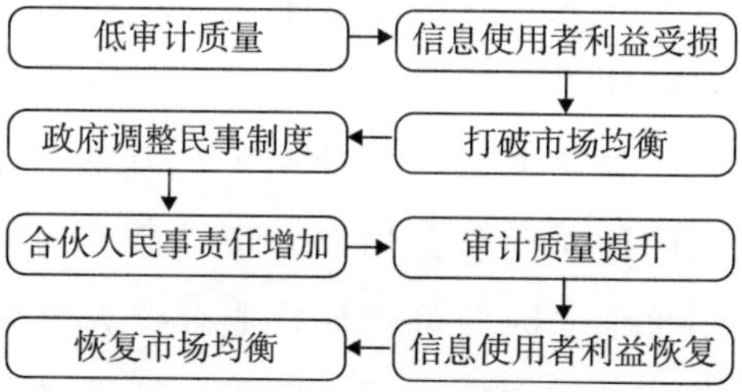

图 5－2　会计师事务所合伙人民事责任影响审计质量的发生机制

总而言之，审计质量在民事责任制度的加强下得到不断提高，在诉讼中得以深化。相关案件促进审计法规的完善，而法规的完善进一步促进了审计质量的提升。因此在欧美等证券市场和法制较发达国家，民事责任制度是对审计质量影响最直接的和最强大的因素之一。

5.2 会计师事务所合伙人不同类型民事责任与审计质量关系的机理分析

通过对会计师事务所民事责任与审计质量关系的历史观察，我们初步得出了合伙人民事责任对审计质量有促进作用的结论。本节中我们将进一步对合伙人民事责任与审计质量的构成因素进行细分，寻找合伙人承担的不同种类民事责任对审计质量的影响以及合伙人民事责任对审计质量“价值”层面与“使用价值层面”的影响。基于4.1节我们对会计师事务所合伙人民事责任概念的厘清，我们认为合伙人承担的民事责任最主要有两种：一种是合伙人作为主审会计师，对执业过程中的不法行为承担的对第三人的侵权责任，另一种是合伙人对其他合伙债务承担的连带赔偿责任。

5.2.1 合伙人作为主审会计师的执业责任与审计质量关系的机理分析

在现实的审计项目中，执业合伙人通常作为审计项目的主审会计师，在其执业过程中从最初对审计项目的风险收益进行评估到决定是否承接该项审计业务，再到审计过程中每个重要决策的制定，最终审计报告的出具，合伙人对审计质量价值层面的影响已全方位渗入审计活动的整个过程中，同时也决定了审计产品的使用价值。因此可以说执业合伙人付出的智慧和努力成为凝结在审计产品中人类劳动最主要的一部分，也是最终审计产品使用价值的决定因素。

根据不完全契约理论，人都是理性的经济人。在参与市场活动时，执业合伙人作为市场参与者，逐利也是他们的动力和本能。但因为信息的不完全和不对称，使他们无法预知将要发生的一切事项，市场资源和经济利益的稀缺时常诱惑他们抱有侥幸心理。另外，根据威慑理论“违法是违法者为实现自身利益最大化，经过成本收益衡量之后所作出的理性选择行为。”这一观点，合伙人通常会试图通过减少自身努力来降低投入成本，或是通过不法手段谋取非法所得来增加收益的方式来使自身收益最大化，并期待其他参与方无法干涉其机会主义行为。若该执业合伙人得逞且事后又没有被追究民事责任，或被追究责任但民事赔偿力度远低于其非法所得，该执业合伙人畏惧民事责任产生的心理压力就会越来越小，再次违法的意愿就会愈发强烈，若这种情况反复发生而他仍能“逍遥法外”，他就很有可能把这种行为强化成自身的执业习惯。下面我们将具体分析在缺乏民事责任对合伙人预期成本和收益的调节下，合伙人行为会如何对审计质量造成影响。

（1）第一种行为：执业合伙人通过减少工作努力程度和其他审计投入来降低成本。在审计活动中，被审计单位管理层（实际控制人）较执业合伙人拥有更多的内部信息，且管理层通过对财务报表进行虚假陈述可获取的利益远高于执业合伙人。一旦他们具有舞弊动机，加之作为信息持有者，他们在审计活动中具备天然优势，执业合伙人作为信息获取的劣势方，若是不具备高于管理层与被审计单位财务人员的职业判断水平和职业怀疑态度，是很难觉察其舞弊行为的。因此若要确保较高的审计质量，执业合伙人的专业能力，职业判断水平和努力程度都有相当高的要求。若他们只是一味地追求自身利益最大化，在没有民事责任影响的情况下，执业合伙人不但没有驱动来提升他们的个人能力以提供更优质的服务，反而可能想方设法地降低成本，最终导致审计质量的整体降低。

由于执业合伙人对审计质量价值层面的影响已全方位渗入审计活动的整个过程中，在一个项目中他可能采取的行动包括：第一，不考虑审计失败风险，以获取最多业务为目的，大量接受审计委托；第二，减少对被审计单位的调查了解，随意地制定审计计划，并尽可能减少审计工时和人员配置以节约成本；第三，在审计过程中，不具有足够的职业怀疑，不收集充分的审计证据等偷工减料行为；第四，未经谨慎精细的分析直接签订审计意见。这些行为降低了审计服务提供者在审计过程中发现被审计单位违规的概率，带来了审计质量价值层面的降低。

（2）第二种行为：执业合伙人通过不法手段谋取非法所得来增加自身收

益。执业合伙人通常都是经过多年专业训练，并在实践中表现优异获得认可而晋升为合伙人的。因此，即使存在上述第一种行为，他仍有一定的概率能发现被审计单位的财务违规行为。被审计单位管理层若想获取执业合伙人的信任通常有两种途径：一种是增强自己的“舞弊技能”，使违规手段更“高明”，违规结果更“隐蔽”。这需要管理层说服被审计单位整个财务团队及与被审计单位业务相关的其他单位（如供应商、客户、银行等）与他共同配合，团队合作、环环相扣才能得以实现，需要大量的人力、物力、财力成本且难度较大。因此相较之下，管理层更偏向选择第二种途径——直接收买执业合伙人。这种途径，涉及人员少，不需要兴师动众大费周章，尤其是在民事责任较低时，成本和难度都小于第一种途径。而且，市场参与者的信息不对称表现为信息获取便利程度和可能性呈现：管理层 > 执业合伙人 > 外部财务信息使用者。而在财务信息分析和处理能力上通常情况是执业合伙人 > 管理层 > 外部财务信息使用者。外部信息使用者不管从哪个角度看都是站在信息链的最底端。若被审计单位伙同执业合伙人共同舞弊，除非该被审计单位出现“爆雷”，否则外部信息使用者自己发现虚假陈述的概率微乎其微。而“爆雷”对于整个证券市场本身就是小概率事件，因此，被审计单位管理层只要通过以下三种手段即可获取部分职业道德意识不坚定的合伙人基于利益迎合或协助其进行舞弊的行为。第一种，提供“额外的费用”以增加合伙人的短期收益；第二种，通过许诺购买合伙人其他的服务来协助合伙人增加业务量（目前我国大多数会计师事务所将绩效纳入收益分配体系）对合伙人事业上提供“助力和支持”；第三种，以终止业务威胁合伙人，更换其他“愿意”配合的合伙人。独立性的缺乏将从大量降低审计师揭露财务报表中违规行为的概率这一维度来降低价值层面的审计质量，并且从宏观上看，市场中越是缺乏独立性的合伙人将获得越多的业务和职业发展机会（除非“运气”不好，遇见小概率“爆雷”事件），越是具有职业道德不愿妥协的合伙人越是难于生存，最终被行业“过滤”掉。随着时间积累，整个证券市场的审计质量都会被降低。

另外，从最终审计产品的结果来看，民事责任的缺失，合伙人的“偷懒”和“舞弊”行为使被审计单位在编制财务报表时减少了被监管的顾虑，以实际控制人为代表的管理层更可肆无忌惮地进行虚假陈述等不法行为，被审计单位盈余管理程度也会相应增加。对投资者而言，被审计过的会计信息可信度并未得到相应的增加，不但无法对他们的投资决策起到辅助作用，甚至反而会误导其作出错误的决策。因此，审计产品能够对各使用者造成的正面影响降低，审计产品使用者的满意度将直线下降，审计质量在“使用价值”层面也随之下降。

根据上述分析我们可以看到，正如威慑理论所述，市场中执业合伙人对自身成本及收益的评估是他们行为策略的决定因素。在经济人逐利的驱动下，执业合伙人将通过何种行为来减少自身努力降低投入成本，使自身利益最大化。而他们采取的“偷懒”“舞弊”的行为使审计质量降低，最终导致外部信息使用者利益受到损害，市场无法健康有效地运行。而民事责任正是通过补偿受害人所受损害，满足受害人正当利益，剥夺违法行为人的不法利益，从而使失衡的利益关系得以恢复的有力手段。在执业合伙人进行审计活动的过程中，一方面，民事责任的存在增加了执业合伙人“偷懒”的成本，促使他们在执业过程中有充分的动力通过提高个人能力来发现被审计单位的虚假陈述等不法行为；另一方面，民事责任剥夺了执业合伙人“配合舞弊”不法收益，降低了执业合伙人被客户公司管理层“收买”的可能。在“价值”层面提高了审计质量。从审计活动的最终结果上看：一方面，执业合伙人民事责任的增加，加大了审计活动对被审计单位会计信息披露的监督力度，增加了被审计单位财务报表编制的合规性，给被审计单位带来了正面影响；另一方面，民事追偿制度通过将执业合伙人的非法所得部分转移给外部信息使用者的方式，保护了在审计失败中受害者的利益，一定程度是可增加外部投资者对审计服务的满意度，从而在使用价值的层面提高了审计质量。

5.2.2　合伙债务的连带赔偿责任与审计质量关系的机理分析

执业责任是合伙人作为会计师事务所执业者对其审计产品质量承担的个人责任。合伙债务产生的连带赔偿责任则是该合伙人对其他合伙人因执业过失等原因造成的债务所承担的连带赔偿责任。根据威慑理论：惩罚概率和惩罚严厉程度的差异对违法者行为呈现出不同的威慑效应。连带赔偿责任对合伙人行为的影响就是由民事赔偿概率和力度决定的，最终合伙人不同的行为选择造成了审计质量的不同反应。而连带责任的赔偿概率和力度又与事务所的组织形式息息相关，本节将根据不同的组织形式①下民事赔偿概率和力度的区别来分析合伙人可能的行为选择以及最终呈现出的审计质量。

（1）普通合伙制会计师事务所下合伙人连带赔偿责任与审计质量。普通合伙制是合伙人承担连带责任的民事赔偿概率与民事赔偿力度最高的组织形式。在普通合伙制下，任何一个合伙人的执业过错造成损失时，均由会计师事务所层面进行承担②，首先会计师事务所将以其全部合伙财产对外进行赔偿，财产不足赔偿部分，债权人可以要求任何一个合伙人以其个人财产承担赔偿责任，之后再由该合伙人向其他合伙人进行追偿。追偿是否能顺利实现，具有一定风险。且代为赔偿和追偿过程都将对无辜的合伙人带来额外的成本，合伙人以全部身家为彼此的审计质量担保，必然导致他竭尽全力地减少被处罚的概率。因此，合伙人之间有强烈的相互监督的意识。由于审计过程中涉及很多不确定因素，因此，审计失败的概率总是存在的，合伙人人数越多，某单个合伙人需承担连带责任的对象越多，该合伙人被处罚的概率亦随之增加。连带赔偿机制促使合伙人的风险意识增强以及会计师事务所内部质量控制的需求，此时合伙人可能采取的行为包括：第一，在选拔合伙人环节，更为谨慎。具体要求包括：准合伙人应具备较高的执业能力、较保守的风险偏

① 严格意义上讲有限责任制会计师事务所的管理者和执业者应称之为“股东”不应算入合伙人范畴，但由于有限责任制会计师事务所是转制政策前我国最主要的会计师事务所组织形式，且其内部治理方式与合伙制类似，根据2019年3月修订的《中国注册会计师审计准则第1121号——对财务报表审计实施的质量控制》应用指南中显示：在有限责任公司制的会计师事务所，项目合伙人是指负责某项审计业务及其执行，并代表会计师事务所在出具的审计报告上签字的主任会计师、副主任会计师或类似职位的高级管理人员。因此我们将此“项目合伙人”作为“执业合伙人”列入对“合伙人”民事责任的分析、对比的过程中。

② 根据《中华人民共和国侵权责任法》（2009）第三十四条：用人单位的工作人员因执行工作任务造成他人损害的，由用人单位承担侵权责任。《中华人民共和国注册会计师法》（2014修正）第四十二条会计师事务所违反本法规定，给委托人、其他利害关系人造成损失的，应当依法承担赔偿责任。

好以及较强的个人财产实力；第二，在日常执业环节，设置各种复核机制，加大彼此监督力度①；第三，在日常执业中建立良好的互助交流学习机制，促进彼此胜任力的提高；第四，将会计师事务所规模控制在一定范围内。在这种严格的连带责任制度下，严格的合伙人选拔制度从源头上提高了合伙人质量，执业合伙人之间的相互监督对个别合伙人的机会主义行为产生了制约作用，增加了他们通过不法行为获取更大个人利益的成本。另外，合伙人利益和风险的一致性有利于他们建立互助合作的相互学习机制及更为谨慎地执业，促进了他们胜任能力的提高，从审计活动的过程中提高了价值层面的审计质量。另外，合伙制下，合伙人以全部身家为行为负责，合伙人个人财产用于民事赔偿，最大程度上使个人成本接近社会成本，保障了受害者（主要是外部信息使用者）的利益，必然在一定程度上使外部信息使用者对审计质量满意度提升，带来了审计质量使用价值层面的提高。因此，在其他条件限定不变时，合伙制最严厉的民事责任可带来最高的审计质量。

（2）有限责任制会计师事务所下合伙人连带赔偿责任与审计质量。在有限责任制会计师事务所中，股东仅以出资额为限承担事务所债务清偿责任，享有完全的有限责任保护。而通过前面的分析我们知道，会计师事务所最重要的资本是人力和智力资本，相较于制造型企业，有限责任制会计师事务所股东只需投入较少的出资额即可维持会计师事务所的日常运营。且有限责任制会计师事务所要求出资人数量在 50 人以内②，更是进一步限制了承担有限连带责任的个体范围，使民事责任赔偿力度被限定在很小的范围内。从另一个角度看，股东人数的限制使有能力的注册会计师晋升通道受到限制③，若会计师事务所不采取“隐形合伙人”的管理模式，对他们无法形成有效的激励，而他们将降低自己的职业期望，很可能在执业过程中减少自身努力程度，或

---

① 根据陈汉文（2003）的研究，理论上每两个合伙人都有相互监督的需要，对于 n 个合伙人的事务所来说，任何一位合伙人执业一次，其他（n－1）个合伙人都存在监督的动机。

② 根据《中华人民共和国公司法》（以下简称《公司法》）第二十四条：有限责任公司由 50 个以下股东出资设立。

③ 尤其在中大型会计师事务所中，有限责任制会计师事务所转换为特殊普通制会计师事务所时，转制前股东人数与转制后合伙人人数的悬殊对比即是有力证明。

是在工资有限的情况下以其他不法手段为自己谋取另外的收益。若会计师事务所采取“隐形合伙人”管理模式，让这批有能力成为合伙人的注册会计师共同管理会计师事务所并分享利润，那么会计师事务所就会出现一批无须承担法律责任的“隐形合伙人”，在毫无连带责任的约束下，他们将更敢于冒险，在执业过程中降低应有的职业谨慎和努力程度。组织结构与管理模式的冲突也会带来会计师事务所内部治理的混乱。因此，无论采取哪种方式，股东或“隐形合伙人”都没有足够的动机来提升价值层面的审计质量。另一方面，当审计失败发生的情况下，对股东或“隐形合伙”的有限责任保护同时也意味着对债权人（主要是外部财务信息使用者）权利的侵害，社会对审计质量的满意度将大幅降低，审计质量在“使用”价值层面的满意度亦随之降低。

（3）特殊普通合伙制会计师事务所下合伙人连带赔偿责任与审计质量。特殊普通合伙制下合伙人民事责任与上述两种制度最大的不同点在于特殊普通合伙人制下合伙人的民事责任具有“二元性”（蒋尧明，2013）。民事责任赔偿力度取决于在确定其民事责任时，对合伙债务造成原因进行的过错认定，合伙人是否主观上具有违法倾向以及该过失的重大程度将决定该合伙人及其他合伙人应承担的是有限连带责任还是无限连带责任。但总体来说，除非某一合伙人被证实因故意或重大过失造成了会计师事务所的债务，否则多数条件下合伙人还是承担无限责任或无限连带责任的。因此在特殊普通合伙制下，合伙人会作出与普通合伙制合伙人类似的方法来提高审计质量，以降低自己被处罚的可能。除此之外，基于对过错的判定是决定他们需承担的民事赔偿力度的标准，导致他们不像普通合伙制下合伙人总是处于利益一致的状态。为了最大限度地避免自己被追索个人财产，合伙人可能会采取以下行为：第一，较之普通合伙制下的合伙人，更关注彼此是否具有“偷懒”“舞弊”动机，甚至小心地收集彼此间不当执业行为的证据，以备不时之需；第二，在审计过程中，更注重记录，尽可能地避免被其他合伙人发现任何蛛丝马迹；第三，合伙人为了不承担连带责任，可能会采取消极监督甚至不再愿意监督的情况，有时会出于自身利益考虑，与相关执业合伙人或注册会计师等人形成一个相对独立的小圈子，圈子内成员之间逐渐融合，形成一个利益共同体，利益共同体之间同样也会因为不愿承担连带责任而各自疏远，监督意愿也相对弱化（蒋尧明，2014）。第四，在审计失败，诉讼发生后，其他合伙人可能通过“感化”“贿赂”“威胁”“欺骗”等方式，促使过错合伙人承认其具有故意或重大过失。因此在特殊普通合伙制下，民事责任对审计质量的影响较为复杂，一方面合伙人因为连带责任的威慑以及不同过错判定下不同民事赔偿力度而具有比有限责任制，甚至比普通合伙制更小的“舞弊”“偷懒”动机，促进了价值层面审计质量的提升。另一方面，由于过错判定带来的合伙人内部利益分歧，在一定程度上减少了合伙人之间专业技术交流和提高，不利于合伙人个人胜任能力的发展，因此对“价值”层面的审计质量又有一定负面影响。另外，特殊普通合伙制实际上将无过错合伙人与有过错合伙人之间的无限连带责任切割开来，保护在出现过错时无过错合伙人的个人财产，缩小了向特殊普通合伙制会计师事务所债权人承担债务责任的财产范围，合伙人因审计失败承担的民事赔偿成本小于审计失败造成的社会成本，必然也会使受害者（主要是外部财务信息使用者）有所不满，因此较之合伙制，特殊普通合伙制下，合伙人民事责任的承担降低了“使用价值”层面的审计质量。

5.3　会计师事务所合伙人民事责任对审计质量影响的路径研究

根据 5.2 中对合伙人最主要的两种民事责任对审计质量的影响机理的归纳提炼，我们可通过图 5－3 将合伙人民事责任对审计质量的影响路径进行描述。

在图 5－3 中我们可以看出，从审计质量的生产过程上看，会计师事务所合伙人民事责任对审计质量“价值”层面影响主要存在两条路径：第一，随着民事责任的增加，合伙人作为主审会计师对审计失败需承担更多的民事赔偿，因此在权衡利弊后，该合伙人有更强烈的动机通过增加工作投入、提高

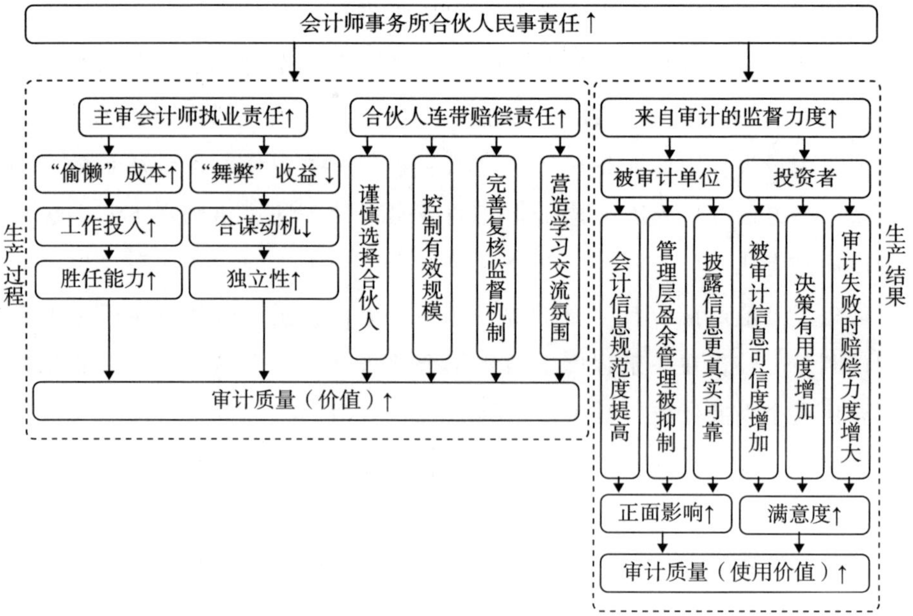

图 5－3　会计师事务所合伙人民事责任对审计质量的影响路径

胜任能力来避免审计失败。另外民事追究机制剥夺了合伙人"配合舞弊"不法收益，降低了执业合伙人被客户公司管理层"收买"的可能。合伙人胜任能力和独立性的共同提升带来了"价值"层面审计质量的提升；第二，在不同会计师事务所组织形式下，民事责任制度的不同导致合伙人之间利益关系发生变化，当连带赔偿概率或赔偿力度增加时，合伙人将通过谨慎晋升和选择其他合伙人、控制事务所规模、完善合伙人之间的复核监督机制以及在所内营造学习交流氛围促进本所一体化、内涵化发展等措施，最终带来总体审计质量"价值"层面的变化。

从审计活动的最终结果上看，会计师事务所合伙人民事责任对审计质量"使用价值"层面影响路径主要在于：一方面，对被审计单位而言，合伙人民事责任的增加提高了被审计单位会计信息被审计监管的力度，促使被审计单位在编制报表时更合法合规，在披露过程中减少了虚假陈述行为，管理层盈余管理行为也在一定程度下得以抑制，从而使"使用价值"层面的审计质量得以提升。另一方面，对投资者而言，被审计过的会计信息可信度得到相应的增加，对他们的投资决策可提供更好的辅助作用，且若发生审计失败，投资者还可从过错合伙人处获取更高的民事赔偿金。因此，合伙人民事责任的增加通过提高投资者的满意度，在“使用价值”的层面提高了审计质量。

5.4　本章小结

在本章中，我们以基于威慑理论的两个核心推论（违法是违法者为实现自身利益最大化，经过成本收益衡量之后所作出的理性选择行为；惩罚概率和惩罚严厉程度的差异对违法者行为呈现出不同的威慑效应）作为理论起点，首先结合历史现象分析了合伙人民事责任与审计质量的关系，并总结了合伙人民事责任对审计质量产生影响的发生机制。我们发现，民事责任制度是政府在市场参与方关系失衡的情况下，通过对各参与方成本和收益的改变来修复不平等关系的重要手段。审计质量缺失使外部信息使用者作出错误的判断而带来的损失是参与方关系失衡的主要原因。因此，合伙人民事责任对审计质量的影响程度取决于各市场参与方的博弈均衡。接着，我们从微观的角度，分析了合伙人面临的最主要的两种民事责任——作为执业者的个人执业责任及作为会计师事务所所有者对合伙债务的连带责任分别对审计质量造成影响的机理，并以此为基础归纳了会计师事务所合伙人民事责任对审计质量“价值”层面和“使用价值”层面产生影响的主要路径。总的来说，我们认为合伙人民事责任的赔偿概率和赔偿力度构成了合伙人的预期成本，对合伙人行为呈现出不同的威慑效应。民事赔偿概率和力度越大，合伙人个人执业愈发勤勉谨慎，事务所内部合伙人之间的监督动力越大，凝结于审计生产过程的劳动力越多，“价值”层面的审计质量越高；民事赔偿概率和力度越大，被审计单位会计信息被审计监管的力度越大，给被审计单位带来的正面影响越多，投资者的满意度越高，“使用价值”层面的审计质量越高。

通过理论研究和机理分析，我们初步推导了合伙人民事责任对审计质量影响的机理和路径，在接下来的两章，我们则将通过设计相应的研究对合伙人民事责任与不同层面审计质量的关系加以验证。“价值”层面的审计质量形成于审计活动的生产过程中，是审计服务提供者凝结于审计工作的人类劳动的一种体现。数理模型可协助我们通过描绘审计质量形成过程，通过博弈模型的推演分析合伙人民事责任对“价值”层面审计质量的影响。“使用价值”层面的审计质量则是从审计产品的结果出发，表示为审计产品能够对各使用者造成的正面影响以及其满足各审计服务使用者的程度。我们将被审计单位的盈余管理水平作为审计产品对使用者造成的正面影响的替代变量，以实证研究的方式将“使用价值”层面合伙人民事责任对审计质量的影响加以验证。

第 6 章　会计师事务所合伙人民事责任与审计质量博弈模型的构建与分析

基于不完全契约理论，会计师事务所合伙人在为被审计单位提供服务的过程实质上是一个不完全契约的缔结过程，参与方包括了执业合伙人、其他合伙人、被审计单位和投资者。在此过程中他们根据自己所掌握的信息分别预测和判断彼此的选择而作出自己的最优决策。因此通过数理模型对他们的选择的均衡分析可以使我们对合伙人行为选择对“价值”层面审计质量的影响作用更全面，更为直观。

在第 5 章中，我们讨论了民事责任对审计质量产生影响的发生机制及影响机理。我们发现民事责任制度是政府在市场参与方关系失衡的情况下，通过对各参与方成本和收益的改变来修复不平等关系的重要手段，审计质量缺失使外部信息使用者作出错误的判断而带来的损失是参与方关系失衡的主要原因。因此，合伙人民事责任对审计质量的影响程度取决于各市场参与方的博弈均衡。根据威慑理论，法律制度只有在具有一定确定性的基础上，各市场参与方才可对预期民事赔偿的概率和力度进行估算，并将收益与成本相减，若结果为正值，参与方将更有可能选择违法。而结果为负值时，参与方则会改变其行为或放弃违法。违法收益越是大于违法成本，越是会鼓励违法者的违法行为。为了进一步分析在威慑效应的作用下，民事责任是如何通过改变市场参与者成本及收益，促使其作出不同的策略选择而最终带来了审计质量的变化以及在不同的民事赔偿概率和民事赔偿力度下，会计师事务所合伙人民事责任对合伙人行为呈现出何种不同的威慑效应最终如何带来审计质量的变化。这一章我们将构造公司管理层、执业合伙人、其他合伙人与投资者的序贯博弈模型，通过模拟审计质量的产生过程来分析民事责任通过合伙人行为对“价值”层面审计质量进行影响的机理。

6.1 模型前提假定与构建

本书模型基于吕鹏等（2005）和希穆尼奇（Simunic，2017）的研究，在假定建立的过程中参考了卢宁文（2012）对审计质量形成机理的分析。另外，由于会计师事务所的组织形式是会计师事务所作为市场参与者，从事各项经济活动的法律框架，它不仅决定着会计师事务所内部各所有者权、责、利的分配方式，而且也规范着会计师事务所在其他市场主体进行交易时所应承担的权利和义务，在不同的组织形式下合伙人个人所负民事法律责任存在较大区别。诺斯（North，1990）认为制度是社会的博弈规则，在不同的责任界限下，合伙人的行为选择来自执业合伙人与其他合伙人之间、合伙人与被审计单位的管理层之间、合伙人与外部投资者之间的力量博弈，审计质量产生于审计过程中各方力量之间的博弈对比。因此，本章的分析将结合不同会计师事务所组织形式进行模型的构建，并对各参与方行为进行分析。

6.1.1 会计师事务所合伙人民事责任与审计质量博弈模型前提假定

（1）基于不完全契约理论，博弈各方为理性经济人，追求自身效用的最大化，且风险中立。参与方包括了执业合伙人、其他合伙人、被审计单位和投资者，根据委托代理理论，信息不对称始终存在于公司的所有者（投资者）与经营者（管理层）之间。公司管理层了解真实的公司财务状况和发展前景，并决定是否发布真实的财务报告；执业合伙人在审计过程中收集证据，并决定是否提供真实的审计意见；其他合伙人根据自身利益决定是否对执业合伙人的审计意见进行干涉；投资者在公司发布的财务报告及会计师事务所针对该公司出具的审计报告的基础上，估算企业的价值并制定自己的投资决策。

因此在博弈过程中他们根据自己所掌握的有限信息分别预测和判断彼此的选择而作出自己的最优决策，此模型为不完全信息博弈模型。

（2）以实际控制人为代表的公司管理层出于自身利益可能产生舞弊动机。比如个人经济利益受到被审计单位财务业绩或状况的影响，或是为满足外部预期或要求而承受过度的压力等。以执业合伙人为首的审计团队在进行审计活动前并不了解公司的真实财务状况，他们可能会因为个人能力不足、审计成本有限、管理层舞弊技术高超等因素没能发现公司发布的财务信息是虚假的；当然也可能是该执业合伙人发现了公司的违规行为，但由于管理层使用诱导贿赂等手段，使他们有意与管理层合谋共同隐瞒公司的违规行为。因此，公司管理层可通过聘用个人能力不足的执业合伙人增加违规行为不被审计师发现的概率，或者通过贿赂威胁等方式使执业合伙人配合其隐瞒公司的违规行为这两种途径来影响执业合伙人的审计质量。

（3）其他合伙人与执业合伙人共同分享审计活动的所得，分担审计活动的风险。基于威慑效应，当其他合伙人的利益大于或等于 0 时，其他合伙人不会干涉公司管理层与执业合伙人之间的“合谋”事宜。只有当其利益受损时，才会决定出面干涉，影响执业合伙人与公司管理层的合谋概率，维护自身利益。

（4）投资者在公司发布的财务报告及会计师事务所针对该公司出具的审计报告的基础上，估算企业的价值并制定自己的投资决策。若最终该投资结果给投资者造成了损失，只有在监管者判定该会计师事务所在执业过程中确实存在故意或重大过失，并给予会计师事务所行政处罚或刑事判决后，外部投资者才可提起民事法律诉讼，要求执业合伙人及相关被告赔偿他们的损失。这里假定诉讼成本为零。执业合伙人及相关被告最终赔偿的概率为 r①，赔偿金额为 L。

（5）执业合伙人的个人财富为 W_p，其在会计师事务所的资本为 R_p，$R_p < W_P$，其他合伙人个人财富为 W_o，其在会计师事务所的资本为 R_o，$R_o < W_o$。

---

① r 为投资者最终获得民事赔偿的概率，根据法定程序此概率由被审计单位受到民事诉讼前置程序影响的概率，投资者提起诉讼的概率及诉讼获胜的概率决定。

执业合伙人与其他合伙人的合法所得均为按其在会计师事务所资本份额获取的剩余利润（审计收益 f 减去审计成本 c 即：$f-c$）。

6.1.2 被审计单位管理层、执业合伙人、其他合伙人与投资者的不完全信息动态博弈模型

在以上前提假定基础上，我们将构建被审计单位管理层—执业合伙人—其他合伙人—投资者的博弈模型。通过对博弈各方的均衡分析来思考合伙人民事责任的威慑效应将如何影响合伙人行为最终对审计质量造成的影响。

该模型为四阶段不完全信息博弈模型。参与人 1 为被审计公司管理层，其任务包括选聘执业合伙人，并将由执业合伙人团队审计过的公司财务报告披露给外部投资者；参与人 2 为来自会计师事务所的执业合伙人，对公司提供的财务信息进行鉴证，并出具审计报告；参与人 3 为其他合伙人，根据民事责任威慑效应选择干涉或不干涉执业合伙人工作；参与人 4 为外部投资者，在公司发布的财务报告及会计师事务所针对该公司出具的审计报告的基础上，估算企业的价值并制定自己的投资决策。博弈的顺序如图 6－1 博弈树所示（t 表示博弈的不同层次）。

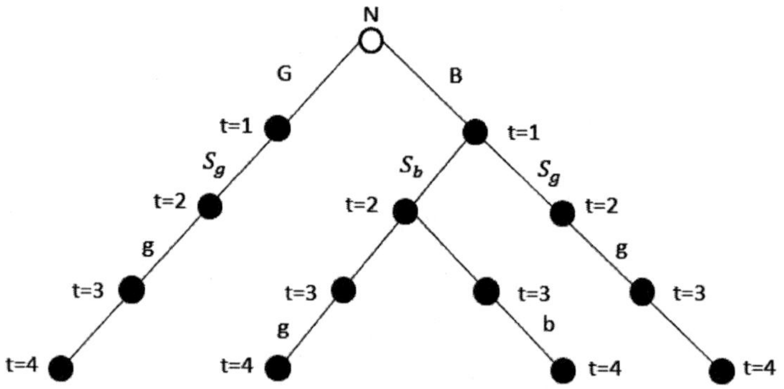

图 6－1　四阶段博弈模型博弈树

（1）当 $t=0$ 时，博弈处于“自然”选择阶段 N。公司类型可分为盈利状况良好的公司 G，其先验概率 $P(G)=\theta$；盈利状况差的公司 B，其先验概率

为 $P(B)=1-\theta$。

（2）当 $t=1$ 时，公司管理层向执业合伙人提供财务报告，财务报告可分为：高盈利 g 和低盈利 b 两种类型。由于信息不对称，参与人 2（执业合伙人）事先对公司财务信息的真实性并不知情，需带领团队通过收集相关证据，加以鉴证。当执业合伙人认为有充分证据证明该公司运营良好时审计证据为 S_g，当执业合伙人认为种种证据表明该公司运营情况不佳时审计证据为 S_b。运营状态不佳的管理层提交错误的财务报告时，执业合伙人可能以 p 的概率发现公司的错报行为（此概率 p 亦可代表该执业合伙人个人能力），即当审计证据为 S_b 时，$p(S_b \mid B)=p$，执业合伙人也可能以 $1-p$ 的概率没能发现该错报行为，而认为收集到了显示公司质量良好的审计证据。即此时审计证据为 S_g，$p(S_g \mid B)=1-p$。

（3）当 $t=2$ 时，执业合伙人将决定是否如实发表审计意见。毋庸置疑，对于盈利状况良好的公司 G，执业合伙人基于审计证据 S_g，确认该公司为高盈利 g，因此，$p(g \mid S_g,G)=1$。若该公司盈利状况不佳 B，而执业合伙人却因个人能力不足，在鉴证过程中收集到的审计证据是 S_g 时，执业合伙人将出具虚假审计报告，判断该公司为高盈利 g，$p(g \mid S_g,B)=1$；执业合伙人在执业过程中发现了该公司存在财务报告虚假陈述行为，即审计证据为 S_b 时，被审计公司管理层有动机贿赂执业合伙人与其合作，并支付 f_b，此时执业合伙人如实出具审计报告并确认该公司为低盈利 b 的概率为 q_0，即 $p(b \mid S_b,B)=q_0$；出具虚假报告并确认该公司为高盈利 g 公司的概率为 $1-q_0$，即 $p(g \mid S_b,B)=1-q_0$。

因此，公司管理层与执业合伙人的合谋，即公司为低盈利 b 公司，执业合伙人得到的审计证据也为 S_b，公司管理层为了隐藏自己不良的经营情况，执业合伙人为了一己私利，便达成双方的合谋，合谋概率为 $p(g,S_b \mid B)=p(1-q_0)$。

（4）当 $t=3$ 时，考虑到参与人 3（其他合伙人）善于采取明哲保身的态度，只有当其他合伙人利益受损时，才会决定出面干涉，影响执业合伙人与公司管理层的合谋概率，因此最终该事务所如实出具审计报告并确认该公司为低盈利 b 的概率为 q，即 $p(b \mid S_b,B)=q$；出具虚假报告并确认该公司为高

盈利 g 公司的概率为 $1-q$，即 $p(g \mid S_b,B) = 1-q$ 。

（5）当 $t=4$ 时，参与人4（投资者）在公司发布的财务报告及会计师事务所针对该公司出具的审计报告的基础上，判断该公司实际运营情况 G 或 B 以及该公司财务信息显示的高盈利 g 还是低盈利 b。此时可分为以下几种情况：

①当公司实际运营状况不佳时，且经过执业合伙人鉴定，其他合伙人干涉后，投资者获知该公司是低盈利 b 的概率，可用（6－1）式表示。

$$p(b \mid B) = p(b,S_g \mid B) + p(b,S_b \mid B) = p(b \mid S_g,B)p(S_g \mid B) + p(b \mid S_b,B)p(S_b \mid B) = pq \tag{6-1}$$

②当公司实际运营状况不佳时，且经过执业合伙人鉴定，投资者获知该公司是高盈利 g 的概率，可用（6－2）式表示。

$$p(g \mid B) = p(g,S_g \mid B) + p(g,S_b \mid B) = p(g \mid S_g,B)p(S_g \mid B) + p(g \mid S_b,B)p(S_b \mid B) = 1 - pq \tag{6-2}$$

③当公司实际运营状况良好时，且经过执业合伙人鉴定，投资者获知该公司是低盈利 b 的概率，可用（6－3）式表示。

$$p(b \mid G) = p(b,S_g \mid G) + p(b,S_b \mid G) = p(b \mid S_g,G)p(S_g \mid G) + p(b \mid S_b,G)p(S_b \mid G) = 0 \tag{6-3}$$

④当公司实际运营状况良好时，且经过执业合伙人鉴定，投资者获知该公司是高盈利 g 的概率，可用（6－4）式表示。

$$p(g \mid G) = p(g,S_g \mid G) + p(g,S_b \mid G) = p(g \mid S_g,G)p(S_g \mid G) + p(g \mid S_b,G)p(S_b \mid G) = 1 \tag{6-4}$$

基于参与人4（外部投资者）获知该公司盈利状况 g 或 b 的先验概率，参照贝叶斯法则求得其后验概率分别如（6－5）式、（6－6）式、（6－7）式、（6－8）式所示：

$$p(B \mid g) = \frac{p(g \mid B)p(B)}{p(g \mid G)p(G) + p(g \mid B)p(B)} = \frac{(1-pq)(1-\theta)}{1 \times \theta + (1-pq)(1-\theta)} = \frac{(1-pq)(1-\theta)}{\theta + (1-pq)(1-\theta)} \tag{6-5}$$

$$p(G \mid g) = \frac{p(g \mid G)p(G)}{p(g \mid G)p(G) + p(g \mid B)p(B)} = \frac{1 \times \theta}{1 \times \theta + (1-pq)(1-\theta)} = \frac{\theta}{\theta + (1-pq)(1-\theta)} \tag{6-6}$$

$$p(B \mid b) = \frac{p(b \mid B)p(B)}{p(b \mid G)p(G) + p(b \mid B)p(B)} = \frac{pq(1-\theta)}{pq(1-\theta)} = 1 \quad (6-7)$$

$$p(G \mid b) = \frac{p(b \mid G)p(G)}{p(b \mid G)p(G) + p(b \mid B)p(B)} = 0 \quad (6-8)$$

根据4.2中我们对审计质量概念的分析，价值层面的审计质量可定义为当被审计单位发生违约行为时，审计师报告这一特定违约行为的概率。因此，会计师事务所最终发现公司管理层错报财务信息并如实出具报告的概率 pq，且 $pq \in (0,1)$，$pq(1-\theta)$ 是公司经营不善 B 时，经其他合伙人干涉后，执业合伙人如实发布保留意见的概率。$(1-pq)(1-\theta)$ 是公司经营不善 B 时，经其他合伙人干涉后，执业合伙人发布无保留意见的概率，其中，$p(1-q)(1-\theta)$ 是执业合伙人与企业管理者合谋的概率；$(1-p)(1-\theta)$ 是执业合伙人与企业管理者不合谋（管理层发布虚假信息，由于客观因素或该执业合伙人个人能力不足未发现）的概率。当公司运营良好时，执业合伙人找不到公司运营不佳的证据，一定会出具无保留意见。因此，在审计质量为 pq 时，审计师出具无保留意见的概率为 $\theta + (1-pq)(1-\theta)$。

根据（6-6）式中对后验概率的计算，我们求得，投资者投资成功的概率为 $p(G \mid g) = \frac{\theta}{\theta + (1-pq)(1-\theta)}$，外部投资者的收益为 V_g，根据（6-5）式得出投资者投资失败的概率为 $p(B \mid b) = \frac{(1-pq)(1-\theta)}{\theta + (1-pq)(1-\theta)}$，此时外部投资者的收益为 V_b，且该投资者可能以 r 的概率通过法律诉讼得到赔偿 L。

6.2 会计师事务所合伙人民事责任与审计质量博弈均衡分析

6.2.1 当执业合伙人因故意造成的事务所债务时各方博弈均衡分析

在4.1.3部分中我们分析到，特殊普通合伙制会计师事务所有明确规定合伙人对执业活动中因故意或重大过失造成的事务所债务，应以会计师事务所财产对外承担责任。事务所承担责任后享有追偿权，该合伙人应对给会计师事务所造成的损失承担全部赔偿责任。因此最终该执业合伙人将以其全部身家为限（包括会计师事务所份额和个人财产）对其不法行为付出代价。因此可知，在执业合伙人因故意“合谋”而造成会计师事务所民事赔偿责任的情况下，过错合伙人是主要的责任承担主体。

有限责任制会计师事务所和普通合伙制会计师事务所在承担民事责任上有一个共同的特点：无论是合伙人（执业或非执业）以何种动机发生的审计失败，都由会计师事务所出面承担债务，且每个合伙人/股东均需对会计师事务所的债务承担连带责任。但在两种法律框架下，不同之处在于，在有限责任制会计师事务所中，事务所的财产与出资者的个人财产分离，股东以其认缴的出资额为限对公司承担有限连带责任。而普通合伙制在会计师事务所的合伙财产不足清偿债务时，则要以个人财产或家庭共有财产来清偿。并且，各合伙人之间承担无限连带责任。根据民法总则的规定，该会计师事务所承担责任后，会计师事务所内部可根据项目合伙人的责任大小对内部民事责任进行配置①。若该会计师事务所具备良好的内部管理体制和民事责任配置机制，可有效地识别执业合伙人过错的成因，并据此对民事赔偿金额进行内部配置。当会计师事务所认定该执业合伙人与管理层“合谋”时，要求该过错合伙人承担主要民事责任。

根据民事赔偿力度的差异，存在过错合伙人个人承担民事赔偿责任和个人合伙人承担责任后，其他合伙人承担连带责任这两种情况。

（1）过错合伙人个人承担民事赔偿责任。在有限责任制下，当赔偿金金额 L 小于执业合伙人投入事务所的资本 R_p 时，赔偿金额由过错执业合伙人个人承担。而在普通合伙制和特殊普通合伙制下，当赔偿金金额 L 小于执业合

① 根据《中华人民共和国民法总则》（2017）第一百七十八条：二人以上依法承担连带责任的，权利人有权请求部分或者全部连带责任人承担责任。连带责任人的责任份额根据各自责任大小确定；难以确定责任大小的，平均承担责任。实际承担责任超过自己责任份额的连带责任人，有权向其他连带责任人追偿。连带责任，由法律规定或者当事人约定。

伙人个人财产 W_P 时，赔偿金额由执业合伙人个人承担，由于 $R_p < W_P$，因此相较于有限责任制中赔偿金 L 金额小于普通合伙制及特殊普通合伙制。我们用 f_b 表示企业管理者支付的“贿赂”金额，则执业合伙人预期合谋所得收益为：$p(1-q)(f_b - rL)$。

此时外部投资者愿意为此次投资支付的价格如（6－9）式所示：

$$W(g) = \frac{\theta}{\theta + (1-pq)(1-\theta)}V_g + \frac{(1-pq)(1-\theta)}{\theta + (1-pq)(1-\theta)}[V_b + rL] \tag{6-9}$$

在雇用执业合伙人审计后，企业管理者拥有的企业预期价值为外部投资者愿意为此次投资支付的价格减去合谋需要的成本 f_b，如（6－10）式所示：

$$V(q) = [\theta + (1-pq)(1-\theta)]W_P + pq(1-\theta) \times V_b - p(1-q)(1-\theta)f_b \tag{6-10}$$

企业管理者的保留收益如（6－11）式所示：

$$\theta V_g + (1-\theta)V_b \tag{6-11}$$

企业管理者聘请执业合伙人获得的收益为：（6－11）－（6－10）

同时，他还必须支付审计费用 f，此审计费用 f 为审计成本与审计利润之和，不包含贿赂费用 f_b。因此，他获得的净收益如（6－12）式所示：

$$V(q) = p(1-q)(1-\theta)[V_b + rL] + (1-p)(1-\theta)[V_b + rL] + (1-pq)(1-\theta)V_b - p(1-q)(1-\theta)f_b - f \tag{6-12}$$

执业合伙人收到审计费用 f，但必须付出审计成本 $C(pq) = \frac{1}{2}kp^2q^2$①，其实际所得收益为两部分：一部分为执业合伙人在公司审计利润中所占的比重；另一部分是合谋收益，如（6－13）式所示：

$$(f - C)\frac{R_p}{R_p + R_o} + p(1-q)(f_b - rL) \tag{6-13}$$

则企业管理者收益可以用下面的优化问题（6－14）式表示：

$$\max_{\theta,q,p} V(q) p(1-q)(1-\theta)(V_b + rL) + (1-p)(1-\theta)(V_b + rL) + (pq-1)$$

---

① 此审计成本的计算方式参考吕鹏、陈小悦．有限责任制、无限责任制与审计质量——一个博弈的视角［J］．审计研究，2005，(2)：41－43.

$$(1-\theta)V_b - p(1-q)(1-\theta)f_b - f \tag{6-14}$$

$$s.t.\ (f-C)\frac{R_p}{R_p+R_o} + p(1-q)(1-\theta)(f_b - rL)$$

此时其他合伙人收益如（6－15）式所示：

$$(f-C)\frac{R_o}{R_p+R_o} \tag{6-15}$$

$$q = \arg\max(f-C)\frac{R_p}{R_p+R_o} + p(1-q)(1-\theta)(f_b - rL)$$

用逆向归纳法（Backward Induction）求解。

令 $R = \frac{R_o}{R_p+R_o}$，则 $\frac{R_p}{R_p+R_o} = 1 - R$

步骤一：计算执业合伙人利益最大时执业合伙人如实出具报告的概率。

执业合伙人承担的赔偿为 L，作为有限理性经济人的执业合伙人在执行审计任务时，会在最大利益 $(f-C)(1-R) + p(1-q)(f_b - rL)$ 的前提下进行。

一阶条件为：$[(f-C)(1-R) + p(1-q)(f_b - rL)]' = 0$，整理得到（6－16）式：

$$q = \frac{rL - f_b}{k(1-R)p} \tag{6-16}$$

因为 $q > 0$，即 $f_b < rL$。据此，便可以得到推论，当执业合伙人收益最大时，执业合伙人从公司管理层所获得的合谋收益会小于可能遭受的诉讼赔偿，且在普通合伙制和特殊普通合伙制下赔偿金 L 金额大于有限责任制，诉讼赔偿的民事赔偿力度更强，因此基于威慑效应，普通合伙制和特殊普通合伙制下，执业合伙人更会尽可能地采用如实汇报的方式，以规避可能的损失，从一定程度上通过增强执业合伙人独立性带来审计质量的提高。

步骤二：计算执业合伙人收益最大时，其他合伙人的收益。

其他合伙人的利益为 $(f-C)R$，即（6－15）式，将上述执业合伙人利益最大时 q 即（6－16）式代入（6－15）式中，可得当其他合伙人收益小于 0 时，即 $f < \frac{1}{2}k \cdot \frac{(f_b - rL)^2}{(1-R)^2}$ 时，其他合伙人将对审计质量进行干涉。

据此可得推论：执业合伙人与公司管理层的合谋使其他合伙人的利益受

损时，其他合伙人干涉的可能性越大。且其他合伙人所占事务所份额越大，越容易关注执业合伙人与公司管理层的合谋事项。在特殊普通合伙制和合伙制下，其他合伙人对彼此之间的干涉可能性大于有限责任合伙制，通过内部监督促使执业合伙人减少“合谋”可能。

步骤三：计算企业管理者目标最大化时，对执业合伙人的选择偏好。企业管理层的利益计算见（6-17）式：

$$E=[\theta+(1-pq)(1-\theta)]W_g-p(1-q)f_b-f \tag{6-17}$$

其中 W_g 为外部投资者愿意支付的价格见（6-18）式：

$$W_g=\frac{\theta}{\theta+(1-pq)(1-\theta)}V_g+\frac{(1-pq)(1-\theta)}{\theta+(1-pq)(1-\theta)}(V_b+rL) \tag{6-18}$$

投资者的投资决策基于执业合伙人出具的无保留意见，因而需将执业合伙人出具无保留意见的概率考虑进来。由前文可知其为 $\theta+(1-pq)(1-\theta)$，同时 f 为支付给会计师事务所的审计费用，鉴于企业管理层利益最大化的原则，企业管理层会最大限度地压缩成本，因而 f 近似接近 C，即 f 可用 $C=\frac{1}{2}kp^2q^2$ 代替。

整理（6-17）式可得：

$$E=\theta V_g+(1-pq)(1-\theta)(V_b+rL)-p(1-q)f_b-\frac{1}{2}kp^2q^2$$

对 q 求一阶导数。即可以得到 $-p(1-\theta)(V_b+rL)+pf_b-kp^2q=0$

企业利益最大化时得（6-19）式：$q=\dfrac{f_b-(1-\theta)(V_b+rL)}{kp}$　（6-19）

可得推论：对于越是执业能力强的执业合伙人，企业管理者只有提供富足的合谋利益，才越能使执业合伙人为其提供帮助。当被处罚的概率增加时，合谋成本亦需随之增加，且由于在普通合伙制和特殊普通合伙制下赔偿金额大于有限责任制，诉讼赔偿的预期民事赔偿力度更强，因此较之有限责任制，企业管理层必须对普通合伙制和特殊普通合伙制的执业合伙人提供更高的“贿赂金”才能使执业合伙人配合其舞弊行为。

（2）执业合伙人承担责任后，其他合伙人承担连带责任。令执业合伙人个人承担的责任为 CL_p，其他合伙人所承担的连带责任上限为 CL_o。在有限责任制下，当赔偿金金额 L 大于执业合伙人投入事务所的资本 R_p 时，执业合伙人个人承担民事赔偿 $CL_1 = R_p$，执业合伙人清偿后，剩余部分由会计师事务所其他合伙人承担有限连带责任，即赔偿上限 $CL_o = R_o$，赔偿金额为 $r\min\{L, R_p + R_o\}$。而在特殊普通合伙制下，当赔偿金金额 L 大于执业合伙人个人财产 W_p 时，执业合伙人个人承担民事赔偿 $CL_1 = W_p$，执业合伙人清偿后，剩余部分由会计师事务所其他合伙人共同赔偿，但以其投入事务所金额为限，即赔偿上限 $CL_o = R_o$，赔偿金额为 $r\min\{L, W_p + R_o\}$，在普通合伙制下，当赔偿金金额 L 大于执业合伙人个人财产 W_p 时，执业合伙人个人承担民事赔偿 $CL_1 = W_p$，执业合伙人清偿后，剩余部分由会计师事务所其他合伙人共同赔偿，并以其全部个人财产金额为限，即赔偿上限 $CL_o = W_o$，赔偿金额为 $r\min\{L, W_p + W_o\}$。由于 $R_p + R_o < W_P + R_o < W_P + W_o$，因此，普通合伙制赔偿上限大于特殊普通合伙制，有限责任制下合伙人赔偿上限最小。

执业合伙人预期合谋收益为 $p(1-q)(f_b - rCL_1)$。

执业合伙人总收益见（6-20）式：$(f-C)(1-R) + p(1-q)(f_b - rCL_1)$。

$$(6-20)$$

企业管理者可以用下面的优化问题表示，见（6-21）式：

$$\max_{\theta,q,p} V(q)p(1-q)(1-\theta)[V_b + r\min\{L, CL_p + CL_o\}] + (1-p)(1-\theta)[V_b + r\min\{L, CL_p + CL_o\}] + (pq-1)(1-\theta)V_b - (1-q)(1-\theta)f_b - f$$

$$s.t.\ (f-C)(1-R) + p(1-q)(f_b - rCL_p) \tag{6-21}$$

此时其他合伙人所得如（6-22）式所示：

$$(f-C)R - p(1-q)r(\min\{L - CL_p, CL_o\}) \tag{6-22}$$

$$q = \arg\max (f-C)(1-R) + p(1-q)(f_b - rCL_p)$$

步骤一：计算执业合伙人利益最大时执业合伙人如实出具报告的概率。

此时执业合伙人承担的民事赔偿责任为 CL_p，求其利益最大化（6-20）式的审计质量。执业合伙人的利益为 $(f-C)(1-R) + p(1-q)(f_b - rCL_p)$，对 q 一阶求导后，整理得到（6-23）式：

$$q = \frac{rCL_p - f_b}{k(1-R)p} \tag{6-23}$$

据此，可以得到推论：在有限责任合伙制中，执业合伙人存在故意或重大过失导致审计失败，且赔偿金额大于执业合伙人在事务所投入的资本时，执业合伙人在事务所投入的资本越大，需赔偿金额越多，如实汇报的可能性越高。在普通合伙制及特殊普通合伙制会计师事务所中，执业合伙人需以全部个人财产用于偿还债务。因此，执业合伙人个人财富越大，偿还金额越多，如实汇报的可能性越高。另外执业合伙人投资额占会计师事务所份额越少，其在会计师事务所利益分配越少。风险大且获利少导致执业合伙人作弊的动机相应减少，如实汇报的概率增加。

步骤二：计算执业合伙人收益最大时，其他合伙人的收益。

其他合伙人的收益为 $(f-C)R-p(1-q)r(\min\{L-CL_p,CL_o\})$，将执业合伙人利益最大时求得的 q 即（6－23）式代入（6－22）式，同时需要注意的是，只有当其他合伙人的利益受损时，其才会发挥作用 $(f-C)R-p(1-q)r(\min\{L-CL_p,CL_o\})<0$，则：

$$f<\left[p-\frac{rCL_p-f_b}{k(1-R)}\right]r(\min\{L-CL_p,CL_o\})-\frac{1}{2}\cdot\frac{(rCL_p-f_b)}{k(1-R)^2} \tag{6-24}$$

由（6－24）式可知：在有限责任合伙制中，执业合伙人在事务所投入的资本越小，不等式越容易成立；在普通合伙制及特殊普通合伙制会计师事务所中，执业合伙人个人财富越小，不等式越容易成立；其他合伙人所占会计师事务所份额越大，不等式越容易成立。据此可以得到推论：执业合伙人与公司管理层的合谋，使其他合伙人的利益受损时，其他合伙人干涉的可能性越大，且其他合伙人占会计师事务所份额越大，越容易关注执业合伙人与公司管理层的合谋事项。从组织形式横向对比，赔偿范围越大，不等式越容易成立，因此基于威慑效应，无辜合伙人对审计质量的监管动机排序为普通合伙制大于特殊普通合伙制大于有限责任制。

步骤三：计算企业管理者目标最大化时，对执业合伙人的选择偏好。

企业管理层的利益如（6－25）式和（6－26）式所示：

$$E=[\theta+(1-pq)(1-\theta)]W_g-p(1-q)f_b-f \tag{6-25}$$

$$W_g=\frac{\theta}{\theta+(1-pq)(1-\theta)}V_g+\frac{(1-pq)(1-\theta)}{\theta+(1-pq)(1-\theta)}(V_b+r\min\{L,CL_p+CL_o\}) \tag{6-26}$$

其中 W_g 为外部投资者愿意支付的价格，整理（6－25）式可得

$$E = \theta V_g + (1 - pq)(1 - \theta)(V_b + r\min\{L, CL_p + CL_o\}) - p(1 - q)f_b - \frac{1}{2}kp^2q^2$$

对 q 求一阶导数，即可以得到：

$$-p(1 - \theta)(V_b + r\min\{L, CL_p + CL_o\}) + pf_b - kp^2q = 0$$

企业管理者利益最大化时，

$$q = \frac{f_b - (1 - \theta)(V_b + r\min\{L, CL_p + CL_o\}}{kp} \quad (6-27)$$

由（6－27）式可得出推论：对于越是能力强的执业合伙人，企业管理者只有提供富足的合谋利益，才能使执业合伙人为其提供帮助，且对于个人财富越大的执业合伙人，企业管理者需要付出更多的合谋成本。从组织形式横向对比来看，赔偿范围越大，企业需付出的合谋成本越多。因此，企业管理层合谋成本的排序为普通合伙制大于特殊普通合伙制大于有限责任制。

6.2.2 当执业合伙人因过失造成事务所债务时各方博弈均衡分析

令执业合伙人个人承担的责任上限为 CL_p，其他合伙人所承担的连带责任上限为 CL_o。合伙企业法（2006）第五十七条明确规定了，特殊普通合伙制下合伙人在执业活动中非因故意或者重大过失造成的合伙企业债务以及合伙企业的其他债务，由全体合伙人承担无限连带责任，以所有合伙人个人财富为上限①。因此在特殊合伙会计师事务所中，若执业合伙人非故意或重大过失下造成的民事赔偿由执业合伙人与其他审计合伙人共同承担，以所有合伙人个人财富为上限，即赔偿上限为 $CL_p + CL_o = W_p + W_o$，此时赔偿金额为 $\min\{L, W_p + W_o\}$。

而有限责任制会计师事务所和普通合伙制会计师事务所均无相应明确规

① 具体规定参照《合伙企业法》（2006）第五十七条：一个合伙人或者数个合伙人在执业活动中因故意或者重大过失造成合伙企业债务的，应当承担无限责任或者无限连带责任，其他合伙人以其在合伙企业中的财产份额为限承担责任。合伙人在执业活动中非因故意或者重大过失造成的合伙企业债务以及合伙企业的其他债务，由全体合伙人承担无限连带责任。

定显示执业合伙人非故意或重大过失时应如何对民事责任主体进行责任配置，亦无相关案例可借鉴。本书参考合伙企业法（2006）第三十三条、民法总则（2017）第一百七十八条以及侵权责任法（2010）第十四条相应规定，在难以确认责任大小的情况下，由合伙人按照实缴出资比例分配分担。但可以明确的是，有限责任制会计师事务所的财产与出资者的个人财产分离，股东以其认缴的出资额为限对公司承担有限连带责任，即赔偿上限为 $CL_p + CL_o = R_p + R_o$，此时赔偿金额为 $\min\{L, R_p + R_o\}$。而普通合伙制与特殊普通合伙制此时赔偿责任一样，以所有合伙人个人财富为上限，即赔偿上限为 $CL_p + CL_o = W_p + W_o$，此时赔偿金额为 $\min\{L, W_p + W_o\}$，因此，民事赔偿责任在这种情况下表现为：普通合伙制等于特殊普通合伙制大于有限责任制。

在这种情况下，执业合伙人总收益见（6－28）式：

$$(1-R)[(f-c)-q(1-p)r\min\{L, CL_p + CL_o\}] \tag{6-28}$$

企业管理者收益可以用下面的优化问题表示见（6－29）式：

$$\max_{\theta,q,p} V(q)p(1-q)(1-\theta)[V_b + r\min\{L, CL_p\}] + q(1-p)(1-\theta)[V_b + r\min\{L, CL_p + CL_o\}] + (pq-1)(1-\theta)V_b - f$$

$$s.t.\ (1-R)[(f-C)-q(1-p)r\min\{L, CL_p + CL_o\}] \tag{6-29}$$

此时其他合伙人所得见（6－30）式：

$$R[(f-C)-(1-p)r\min\{L, CL_p + CL_o\}] \tag{6-30}$$

$$q = \arg\max(1-R)[(f-c)-q(1-p)r\min\{L, CL_p + CL_o\}]$$

步骤一：计算执业合伙人利益最大时执业合伙人如实出具审计报告的概率 q。

执业合伙人的函数为 $(1-R)[(f-c)-q(1-p)r\min\{L, CL_p + CL_o\}]$

整理可得见（6－31）式：

$$(1-R)\left[-\frac{1}{2}kp^2q^2 + pqr\min\{L, CL_p + CL_o\} + f - pr\min\{L, CL_p + CL_o\}\right] \tag{6-31}$$

关于 q 的二次函数，开口向下，当 q 取对称轴时的值时，执业合伙人的利益最大，此时见（6－32）式：

$$q = \frac{r\min\{L, CL_p + CL_o\}}{kp} \tag{6-32}$$

此时，执业合伙人个人能力越不足，越不容易发现管理层的财务舞弊行为，误将虚假财务报告作为正确财务报告，上报的可能性越大。当民事赔偿责任范围越大时，合伙人需承担的民事赔偿力度越大，执业合伙人必须提高自身执业能力来获取更多利益，此时普通合伙制及特殊普通合伙制下合伙人提升执业能力的动机高于有限责任制。

步骤二：当执业合伙人利益较大时，计算其他合伙人利益。

其他合伙人的收益为 $R[(f-c)-q(1-p)r\min\{L,CL_p+CL_o\}]$，将执业合伙人利益最大时求得的 q 即（6－32）式代入（6－30）式

整理可得其他合伙人利益见（6－33）式：

$$R\left[f-\frac{(2-p)r^2\min\{L,CL_p+CL_o\}^2}{2kp}\right] \tag{6-33}$$

由（6－33）式可知当执业合伙人的能力越大时，其他合伙人所获得的利益越大。

步骤三：计算公司管理层的利益最大化时，对执业合伙人的选择偏好。

企业管理层的利益为：$E=[\theta+(1-pq)(1-\theta)]W_g-f$

其中 W_g 为外部投资者愿意支付的价格，见（6－34）式：

$$W_g=\frac{\theta}{\theta+(1-pq)(1-\theta)}V_g+\frac{(1-pq)(1-\theta)}{\theta+(1-pq)(1-\theta)}(V_b+r\min\{L,CL_p+CL_o\}) \tag{6-34}$$

整理可得 $E=\theta V_g+(1-pq)(1-\theta)(V_b+r\min\{L,CL_p+CL_o\})-f$

$$\tag{6-35}$$

由（6－35）式可见，此时要使公司管理层的利益最大，管理层倾向于选择较弱的执业合伙人，且在会计师事务所层面，公司管理层更愿意选择有限责任制而非特殊普通合伙制与普通合伙制。

6.3 本章小结

上述模型将会计师事务所出具错误审计报告而承担民事责任的原因分为：

执业合伙人与企业管理者合谋错报以误导投资者及执业合伙人因无意造成错报这两种情况。在普通合伙制、特殊普通合伙制及有限责任制三种不同的法律框架下，通过建立四阶段序贯博弈模型，模拟审计质量的形成过程发现，会计师事务所合伙人民事责任不同，对合伙人产生了不同的威慑效应，造成合伙人的不同行为，最终对审计质量产生影响。其主要表现在以下两个方面：一方面，民事责任的威慑效应增加将通过降低执业合伙人与公司管理层合谋动机及促进执业合伙人提升个人能力来直接提高审计质量；另一方面，其他合伙人为避免承担连带责任，通过干涉合谋和选择执业能力较强的合伙人，间接提高本所的审计质量。通过对上文的博弈分析，我们可得出如下结论。

（1）执业合伙人预期支付民事赔偿越高，审计质量越高。只有当执业合伙人面临的民事责任违约成本大于由此带来的收益时，才能对执业合伙人产生威慑效应，使执业合伙人确保高质量的审计来规避民事责任风险。因为当民事赔偿提高时，执业合伙人从公司管理层获得的合谋收益会小于可能遭受到的诉讼赔偿，在这种情况下，执业合伙人便会尽可能地采用如实报告的方式，以规避可能的损失，审计质量随之上升，但只有在法律准则具有一定的明确性和相对稳定性的基础上，执业合伙人才有可能有效预期其民事处罚的概率和力度。

（2）在普通合伙制及特殊普通合伙制下，执业合伙人个人财产越雄厚，审计质量越高。执业合伙人收益最大时，该执业合伙人个人财富越大，执业合伙人如实出具报告概率越高，审计质量也越高。原因在于：一方面，执业合伙人个人财产越雄厚，企业管理层需要与其达成合谋协议的成本越高；另一方面，执业合伙人个人财产越雄厚，与企业管理层合谋一旦败露，其可供支付民事赔偿的金额越多，执业合伙人个人损失就越大。因此，执业合伙人雄厚的个人财产是其如实出具审计报告，提升审计质量的有力保证。而在有限责任制下，执业合伙人必须对会计师事务所投入足够多的资金才能有效约束其违法动机。

（3）执业合伙人的专业能力越强，审计质量越高。执业合伙人个人能力不但对审计质量有直接影响，专业能力与管理层合谋成本亦呈现正相关，对于越是能力强的执业合伙人，企业管理者只有提供丰厚的合谋收益，才能使执业合伙人为其提供“帮助”。较之有限责任制，管理者需花费更多的合谋成本来说服普通合伙制和特殊普通合伙制的合伙人与之“合谋”。

（4）执业合伙人财产占会计师事务所的财产份额越小，其他合伙人占会计师事务所份额越大，越容易关注执业合伙人与公司管理层的合谋事项，并加以干涉，间接带来审计质量的提升。在对模型的推导过程中我们发现，执业合伙人财产所占会计师事务所财产份额越小，执业合伙人与公司管理层合谋的可能性越小。其原因在于此时其他合伙人占会计师事务所份额越大，越容易关注执业合伙人与公司管理层的合谋事项，并加以干涉，确保其自身利益不受侵害。说明在合伙制下，非执业合伙人为避免承担连带责任，有通过干涉合谋来提升本所审计质量的动机。且对一个审计项目而言，规模越大的会计师事务所，负责该审计项目的执业合伙人所占份额越少，其他合伙人所占份额越多，执业合伙人与公司管理层合谋成功的可能性就越小。由此可见，大中型会计师事务所采取合伙制组织形式更有利于通过民事责任配置制度，使组织内部形成互相制约、互相督促的有效机制。

第 7 章　会计师事务所合伙人民事责任与审计质量的实证检验

通过第 5 章机理分析，我们认为合伙人的预期成本是由合伙人民事责任的赔偿概率和赔偿力度构成的，两者对合伙人行为呈现出不同的威慑效应。民事赔偿概率和力度越大，合伙人执业越发勤勉谨慎，因而威慑效应越大，审计质量越高。在第 6 章中，我们通过建立博弈模型模拟了审计活动的产生过程，并对民事责任对“价值”层面审计质量的影响进行了模拟演算，分析了民事责任威慑效应对审计质量“价值”层面的提升作用。根据劳动价值理论，“价值”高的产品不一定具有高“使用价值”，同样“使用价值”高的产品不一定就具有高“价值”，因此当我们论及产品质量时，需将两者综合考虑才可获得更为全面的结论。这一章我们将收集资本市场的现实数据，从审计产品对使用者①产生的正面影响出发，以被审计单位盈余管理水平替代“使用价值”层面的审计质量，用实证的方法检验合伙人民事责任的威慑效应是否影响“使用价值”层面的审计质量。

7.1　理论分析与假设提出

在 5.2 节的机理分析中，我们发现会计师事务所合伙人承担的民事责任

① 由于审计产品使用者既包括了被审计单位，又包括了投资者等市场中的其他信息使用者，因此以被审计单位的盈余管理水平作为审计产品对使用者造成的正面影响的替代变量，只能部分代表“使用价值”层面的审计质量。

最主要有两种：一种是合伙人作为主审会计师对执业过程中的不法行为承担的对第三人的侵权责任；另一种是合伙人对由其他合伙债务承担的连带赔偿责任。根据目前我国法律的规定，尚未对非合伙人的签字注册会计师与执业合伙人在对因审计失败造成的第三人侵权责任上加以区分①，而事实上非合伙人签字注册会计师与执业合伙人之间却存在巨大的民事责任区别。主要有如下几点原因。

（1）民事赔偿力度层面，非合伙人签字注册会计师在审计失败时需承担的无限连带责任财产范围小于合伙人，因此较之合伙人，非合伙人签字注册会计师所需承担的民事责任较小。原因在于：合伙人承担责任的财产范围大于非合伙人注册会计师，因此即使同为主审会计师，在审计失败时，合伙人需承担的民事赔偿力度相应增加。非合伙人注册会计师主要的收益来源是以结构工资制为基础的薪酬制，而合伙人拥有剩余收益的分享权，因此在事务所中合伙人的个人财产通常大于非合伙人注册会计师。当审计失败时需承担的无限连带责任财产范围也随之扩大了。

（2）在民事赔偿概率层面，非合伙人签字注册会计师在审计失败时需承担的无限连带责任覆盖面小于合伙人，因此较之合伙人，非合伙人签字注册会计师所需承担民事责任更小。原因在于：非合伙人签字注册会计师只对执行业务承担责任，如果有过错，承担无限连带责任。但合伙人的民事责任却具备二元性，执业合伙人不仅要对执业业务承担责任，还可能对其他合伙人及其他注册会计师的不当执业行为造成的审计失败，承担连带责任，因此，合伙人承担民事责任赔偿概率远高于非合伙人的注册会计师。

法律责任会加强声誉激励，导致审计工作增加，审计质量提升（Divya et al.，2016；Rothenberg，2018）。注册会计师面临的民事责任合约安排中违约

① 根据2012年11月《财政部关于注册会计师在审计报告上签名盖章有关问题的通知》规定，特殊普通合伙制会计师事务所出具的审计报告，应当由一名对审计项目负最终复核责任的合伙人和一名负责该项目的注册会计师签名盖章。而《中国注册会计师审计准则第1121号——对财务报表审计实施的质量控制》（2019）第十三条规定，如果项目合伙人以外的其他注册会计师在审计报告上签字，本准则对项目合伙人作出的规定也适用于该签字注册会计师。依据上述准则第十三条的规定，可以推断出在审计报告上签字的注册会计师即使不是合伙人也应承担与项目合伙人相同的民事责任。

成本大于由此带来的收益时，才能驱动注册会计师确保高质量的审计（吴伟荣和刘亚伟，2015），加大民事赔偿力度有利于审计质量的提高（Venkataraman等，2008；刘启亮等，2015）。会计师事务所合伙人为避免或减少由于审计失败而导致的法律责任和法律风险的增加，将提高执业谨慎性，实施更为严格的审计程序以规避自身风险，努力提高自身的业务水平以提高审计质量(宋衍蘅和肖星，2012)。非合伙人注册会计师与合伙人在民事责任上的差异，为我们观察民事责任变化对合伙人审计质量的影响提供了客观条件。结合第五章的分析，民事赔偿力度和民事赔偿概率的提高，一方面会使合伙人更加有动力遵守财经法规与职业道德，抑制自己“舞弊”的动机；另一方面会促使合伙人通过不断努力提高自身的职业能力。而作为会计师事务所法律责任的承担者，连带赔偿机制使每个合伙人皆具备监督其他审计师的执业行为的动机，因此对促进会计师事务所整体审计质量的提升具有积极作用。

古尔等（Gul et al.，2013）认为，审计判断和决策会受到审计师个人特征的影响。他将身份是否为合伙人作为注册会计师个人特征的一部分，通过研究发现，合伙人签字注册会计师在出具审计报告时比非合伙人签字注册会计师更为谨慎，审计质量也更高。这个结论在一定程度上反映了合伙人因身份的不同而带来了审计质量的提高，但根据大量学者在审计师表征层面的研究（Jeffrey，2019；Hua Lee et al.，2017；Chi，2011；Cameran et al.，2016；Gul et al.，2013）的其他结论，审计师之间的个体差异本身就是带来审计质量差异的主要原因。合伙人审计质量高于签字注册会计师的原因很大程度上是因为该合伙人本身就具有更优秀的职业能力，因而才得以晋升为合伙人的。因此，对合伙人与非合伙人签字注册会计师之间审计质量的比较不能说明民事责任是对审计质量产生影响的关键因素。笔者认为，会计师事务所合伙人由签字注册会计师到合伙人身份的转换，通过同一位注册会计师晋升合伙人前后审计质量的对比，可最小程度地减少其他个体特征差异对审计质量带来的影响，使我们的观察结果更聚焦于民事责任这一自变量。

从上述分析可以发现，非合伙人签字注册会计师晋升为合伙人后，因对其审计失败所需承担的无限连带责任财产范围的扩大及需承担的无限连带责任人的覆盖面扩大，导致民事赔偿概率和民事赔偿力度的同时增加，会加大其审计失败可能承担的民事责任，促进其更加谨慎地执业，从而带来审计质量的提高，因此，我们提出如下假设：

假设 1：限定其他条件不变的情况下，会计师事务所非合伙人签字注册会计师晋升为合伙人，民事责任的增加将促使该新晋合伙人审计质量的提升。

一般情况下，合伙人之间的连带责任随着合伙人人数的增多而增加，正如我们在第 5 章讨论的，由于审计过程中涉及很多不确定因素，因此，审计失败的概率总是存在的，合伙人人数越多，某单个合伙人需承担连带责任的对象越多，该合伙人被处罚的概率亦增加。因此，事务所合伙人越多，合伙人之间形成相互监督的氛围越为浓厚，在这种氛围下，非注册会计师向合伙人转变时，也受到更多其他合伙人的监督，强化了非合伙人签字注册会计师升任合伙人事件对审计质量的促进作用。

但是在特殊普通合伙制下，合伙人面临着有限和无限两种连带责任可选择，标准在于他是否介入了他人失败的审计案件（秦荣生，2010），此时事务所人数越多，合伙人之间互相沟通了解和建立信任的沟通成本越多，合伙人之间的不信任程度越高，基于威慑效应合伙人在对自身行为进行成本收益分析后，更倾向于采取只会让他们承担有限责任的行为。因此，合伙人不再愿意向其他人提供帮助，以避免卷入别人办理的案件。相关执业合伙人及其管理的注册会计师、会计师事务所员工基于自身利益可能会重新形成一个相对独立的小圈子，圈子内成员会逐渐形成一个利益共同体，各个利益共同体之间的联系因互相帮助、互相监督的弱化而逐渐疏远（蒋尧明，2014）。而此时非合伙人注册会计师正值晋升为合伙人的关键时期，也是最需要帮助和指导的时期，若是难以融入“圈子”中，非合伙人签字注册会计师升任合伙人事件对审计质量的促进作用将会被弱化。

因此为了检验非合伙人签字注册会计师升任合伙人事件带来民事责任的改变对审计质量的作用，我们提出正反两个假设。

假设 2a：限定其他条件不变的情况下，特殊普通合伙制事务所合伙人人数越多，连带民事责任范围越大，非合伙人签字注册会计师升任合伙人事件对审计质量的促进作用强度越高。

假设 2b：限定其他条件不变的情况下，特殊普通合伙制会计师事务所合伙人人数越多，合伙人间不信任程度越高，合伙人为降低民事责任，更倾向于采取只会让他们承担有限责任的行为而减少对其他合伙人的帮助，导致非合伙人签字注册会计师升任合伙人事件对审计质量的促进作用强度越低。

7.2　研究设计

7.2.1　样本的选择

自 2010 年财政部、国家工商行政管理总局推动转制政策至 2013 年底，各具有证券资格的会计师事务所陆续转变为特殊普通合伙制，并至今仍为特殊普通合伙制。为确保组织形式的一致性，消除会计师事务所组织形式对合伙人民事责任带来的影响，本书选取 2014—2018 年，我国具备证券资格的会计师事务所转制彻底完成后，各特殊普通合伙制会计师事务所合伙人身份信息、他们为沪深 A 股上市公司审计的财务报告及出具的审计报告为研究样本。其中签字注册会计师/合伙人身份信息是通过国家企业信用信息公示系统及中国注册会计师协会官方网站手工收集、整理并比对签字注册会计师晋升合伙人信息的公开披露时间与审计报告出具时间来确认每一年度出具审计报表时该签字注册会计师是否发生了身份的转变。而样本公司的财务数据则来源于 Wind 数据库和 CSMAR 数据库。

基于本书的研究主旨，我们对样本数据进行了如下筛选：（1）剔除金融类上市公司样本数据①；（2）剔除因合伙人身份的缺失无法确定是否为合伙

① 本书参照中国证监会《上市公司行业分类指引》对公司所属行业进行分类，对制造业采用二级行业分类，其他行业采用一级行业分类。

人的注册会计师所审计的观测值①；（3）剔除因重名而无法确认是否为合伙人身份的注册会计师所审计的观测值②；（4）剔除部分样本期间退出注册会计师行业的注册会计师/合伙人所审计的观测值；（5）剔除财务数据的缺失值；（6）对所有非自然对数连续变量进行首尾各1%进行winsorize处理。最终获得的观测值为14023个。

7.2.2 变量的定义

（1）审计质量。鉴于财务报表的操控性应计值指标对审计质量具有较好的替代性，本书采用了以客户公司财务报表盈余质量为基础的连续变量指标对审计质量进行度量（Qi et al.，2018；唐清泉等，2018）。盈余管理幅度的计算方法目前主要有三种，即Jones模型、修正的Jones模型和陆建桥模型（修正的Jones模型在中国的扩展应用）。为增强度量的准确性和实证分析结果的可靠性，本书分别用此三种方式对财务报表的操控性应计值进行计算。

（2）注册会计师—合伙人身份转变。将注册会计师—合伙人身份转变变量（post）设定为虚拟变量，注册会计师晋升合伙人前取值为0，晋升后取值为1。

（3）合伙人人数。将合伙人人数（idumy）设定为虚拟变量，合伙人人数大于行业中位数取1，否则取0。

（4）其他控制变量。根据4.2.2部分分析，审计质量的影响因素由审计服务的供给侧（会计师事务所）和需求侧（被审计单位）共同组成，在需求侧层面，为了对我国资本市场上公司的特征有着较为全面的反映，本书借鉴原红旗和韩维芳（2012）、王晓珂等（2016）、谢柳芳等（2013）的研究经

① 40家获得证券从业资格的特殊普通合伙制事务所中，有6所合伙人身份信息存在部分缺失，为确保数据准确性，在样本中剔除该6所（中审华会计师事务所，立信中联会计师事务所，四川华信集团会计师事务所，山东和信会计师事务所，天健会计师事务所，立信会计师事务所）

② 由于通过审计报告只可获得签字注册会计师姓名和所属会计师事务所名称，因此若遇见同所同名现象，则无法判断该注册会计师具体身份。为确保分析准确，剔除该重名注册会计师所审上市公司数据。

验，在客户公司治理特征方面主要考虑了董事会规模（*board*）、独立董事比例（*indr*）、两职合一（*plu*）等因素的影响；在被审计单位财务特征方面，主要考虑了公司规模（*size*）、成长性（*grow*）、资产负债率（*lev*）、总资产收益率（*roa*）、存货比率（*inv*）、应收账款比率（*rec*）、经营活动现金流比率（*cfo*）等；在供给侧方面主要考虑了会计师事务所规模（*big4*）的影响；此外还对行业和年度变量进行了控制。各变量的具体定义及度量方法如表7-1所示。

表7-1　变量定义及度量

变量类别	变量符号	变量名称	定义及度量
因变量 AQ	AQ_1	审计质量	操纵性应计的绝对值（Jones）模型
	AQ_2	审计质量	操纵性应计的绝对值（修正的Jones模型）
	AQ_3	审计质量	操纵性应计的绝对值（陆建桥模型）
自变量	*post*	注册会计师—合伙人身份转变	注册会计师晋升合伙人前取1，否则取0
	idumy	合伙人人数	合伙人人数大于行业中位数取1，否则取0
控制变量	*board*	董事会规模	董事会人数
	indr	独立董事比例	董事会中独立董事比例
	plu	两职合一	总经理兼任董事长则取值0，不兼任取值1
	lev	资产负债率	总负债÷总资产×100%
	grow	营业收入增长率	（营业收入增长额÷上年营业收入总额）×100%
	rec	应收账款比率	应收账款余额/资产余额
	inv	存货比率	存货余额/资产余额
	cfo	经营活动现金流比率	经营活动净现金流/资产余额
	roa	总资产收益率	净利润÷平均资产总额×100%
	size	公司规模	总资产的自然对数
	big4	会计师事务所规模	国际“四大”会计师事务所取1，否则取0

7.2.3　模型设定

（1）假设1的计量检验模型。本书设定计量模型（7-1）以对假设1进行验证：

$$AQ_{it} = \alpha_0 + \alpha_1 post_{it} + \alpha_2 board + \alpha_3 plu + \alpha_4 indr + \alpha_5 lev + \alpha_6 grow + \alpha_7 roa + \alpha_8 size + \alpha_9 rec + \alpha_{10} inv + \alpha_{11} cfo + \alpha_{12} big4 + \gamma_i + \varepsilon \quad (7-1)$$

其中，被解释变量 AQ 表示审计质量；分别根据三种（Jones 模型，修正的 Jones 模型和陆建桥模型）计算方式得来；主要解释变量 $post$ 表示注册会计师—合伙人身份转变的虚拟变量，注册会计师晋升合伙人前取值为 0，晋升后取值为 1；从 $\alpha_2 board$ 到 $\alpha_{12} big4$ 为控制变量，详见表 7－1 所述。γ_i 为公司个体效应。此外，本书还控制了行业、年度效应。

（2）假设 2 的计量检验模型。本书设定计量模型（7－2）以对假设 2 进行验证：

$$AQ_{it} = \beta_0 + \beta_1 post_{it} + \beta_2 Idumy_{it} + \beta_3 post_{it} \times Idumy_{it} + \beta_4 board + \beta_5 plu + \beta_6 indr + \beta_7 lev + \beta_8 grow + \beta_9 roa + \beta_{10} size + \beta_{11} rec + \beta_{12} inv + \beta_{13} cfo + \beta_{14} big4 + \gamma_i + \varepsilon \quad (7-2)$$

其中，被解释变量 AQ 表示审计质量；分别根据三种（Jones 模型，修正的 Jones 模型和陆建桥模型）计算方式得来；主要解释变量 $post$ 表示注册会计师—合伙人身份转变的虚拟变量，注册会计师晋升合伙人前取值为 0，晋升后取值为 1；$idumy$ 为代表合伙人人数的虚拟变量，合伙人人数大于行业中位数取 1，否则取 0。$post \times idumy$ 为注册会计师晋升合伙人身份转变与合伙人人数的交叉项，从 $\alpha_2 board$ 到 $\alpha_{12} big4$ 为一组控制变量，与（7－1）式解释一致。γ_i 为公司个体效应。此外，本书还控制了行业、年度效应。

7.3 实证结果与分析

7.3.1 描述性统计

表 7－2 列示了模型（7－1）及模型（7－2）各变量的描述统计结果。在 2014—2018 年的 14023 家上市公司样本中，$post$ 的均值为 0.036，说明非合伙

人签字注册会计师转变为合伙人后所审计的上市公司占总样本的 3.6%。这表明有 505 个（14023 ×0.036）观测值在审计过程中发生了非合伙人签字注册会计师晋升为合伙人的情况。*idumy* 的均值为 0.693，说明合伙人人数大于行业中位数的会计师事务所审计的上市公司数占总样本的 69.3%，即 9717 个（14023 ×0.693）。观测值选择了较大规模的会计师事务所为其提供审计服务。在三种不同的操控性应计值计量模型下，公司样本的审计质量 *AQ* 的均值分别约为 0.065、0.065 及 0.085。标准差分别约为 0.063、0.066 和 0.066，最小值分别约为 0.01、0.01 和 0.02，最大值分别约为 0.333、0.349 和 0.368。在对模型控制变量的观察中，我们可以看出观测值资产负债率的最小值为 5.7%，最大值为 94.1%，均值为 43.1%，中位数为 41.6%，标准差为 21.2%，这说明我国大多数上市公司的财务杠杆比较适中，财务风险较小。总资产收益率最小值为 -19%，最大值为 18.6%，均值为 3.5%，中位数为 3.3%，标准差为 5.4%，说明我国上市公司盈利能力差异较大。样本公司的经营活动现金流比率均值约 17.1%，应收账款比率均值约 12.3%，成长性指标平均为 21.9%，说明我国上市公司整体成长性较好；约有 26.9% 的样本公司的董事长与总经理为同一人担任。

表 7-2　　变量的描述性统计

变量	观测值	最小值	Q25	均值	标准差	中位数	Q75	最大值
AQ_1	14023	0.001	0.022	0.065	0.063	0.048	0.086	0.333
AQ_2	14023	0.001	0.021	0.065	0.066	0.046	0.085	0.349
AQ_3	14023	0.002	0.041	0.085	0.066	0.073	0.110	0.368
post	14023	0	0	0.036	0.126	0	0	1
idumy	14023	0	0	0.693	0.461	1	1	1
board	14023	0	7	8.610	1.815	9	9	19
plu	14023	0	0	0.269	0.443	0	1	1
indr	14023	0.100	0.333	0.375	0.056	0.357	0.429	0.800
lev	14023	0.057	0.260	0.431	0.212	0.416	0.583	0.941
grow	14023	-0.570	-0.029	0.219	0.569	0.108	0.289	3.931
roa	14023	-0.190	0.012	0.035	0.054	0.033	0.062	0.186
size	14023	19.630	21.332	22.251	1.365	22.070	22.942	27.194

续表

变量	观测值	最小值	Q25	均值	标准差	中位数	Q75	最大值
rec	14023	0	0. 037	0. 123	0. 106	0. 100	0. 180	0. 482
inv	14023	0	0. 052	0. 125	0. 106	0. 103	0. 168	0. 551
cfo	14023	0. 009	0. 087	0. 171	0. 119	0. 140	0. 223	0. 591
*big*4	14023	0	0	0. 062	0. 241	0	0	1

7.3.2 相关性检验

表 7 – 3 列示了各主要变量之间的相关系数。操纵性应计在三种模型计算下的绝对值（*AQ*）与非合伙注册会计师晋升合伙人变量（*post*）及合伙人数量（*idumy*）之间的相关系数在 10% 的水平上负相关，初步说明非合伙注册会计师晋升合伙人、会计师事务所合伙人人数越多越有助于抑制客户的盈余操纵行为，提高审计质量。就控制变量与可操纵性应计（*AQ*）之间的相关性来看，首先，公司规模（*size*）、董事会规模（*board*）、总资产收益率（*roa*）、经营活动现金流比率（*cfo*）、应收账款比率（*rec*）与可操纵性应计的绝对值 *AQ* 显著负相关，说明公司规模大、董事会人数多、财务业绩好、资产流动性强的公司较少进行盈余操纵。其次，上市公司的营业收入增长率（*grow*）、资产负债率（*lev*）等指标与可操纵性应计的绝对值 *AQ* 之间呈正相关，说明财务状况较差的公司进行盈余操纵的动机更为强烈。另外，事务所规模（*Big*4）与客户公司的可操纵性应计的绝对值 *AQ* 存在显著负相关关系，说明大规模会计师事务所对被审计单位的盈余操纵行为更具抑制作用。

7.3.3 多元回归分析

表 7 – 4 列示了模型 7 – 1 的多元回归结果。由模型（7 – 1）的回归结果可以看出，非合伙人签字注册会计师转变为合伙人（*post*）的回归系数显著为负。这一结果表明，非合伙人签字注册会计师晋升为合伙人后，由于民事责任的增加，对该注册会计师/合伙人产生了威慑效应，促使其更为谨慎勤勉，

表 7－3　各变量相关系数矩阵

	AQ_1	AQ_2	AQ_3	*post*	*idumy*	*board*	*plu*	*indr*	*lev*	*grow*	*roa*	*size*	*rec*	*inv*	*cfo*	*big4*
AQ_1	1															
AQ_2	0.926***	1														
AQ_3	0.689***	0.764***	1													
post	-0.002*	-0.006*	-0.008*	1												
idumy	-0.013*	-0.013*	0.002	-0.035***	1											
board	-0.032***	-0.042***	-0.007	-0.027***	0.060***	1										
plu	-0.008	-0.005	-0.030***	-0.003	-0.001	-0.188***	1									
indr	0.024***	0.023***	0.023***	0.026***	-0.019***	-0.484***	0.121***	1								
lev	0.183***	0.176***	0.210***	-0.015**	0.041***	0.220***	-0.114***	-0.022***	1							
grow	0.202***	0.225***	0.122***	0.005	-0.01	-0.040***	0.029***	0.01	0.007	1						
roa	-0.166***	-0.168***	-0.307***	-0.004	0.016**	-0.021***	0.061***	-0.022***	-0.388***	0.170***	1					
size	-0.001	-0.013*	0.036***	-0.019***	0.118***	0.368***	-0.161***	-0.028***	0.502***	0.033***	-0.004	1				
rec	-0.044***	-0.003	-0.076***	0.01	-0.009	-0.113***	0.052***	0.024***	0.022***	0.072***	0.041***	-0.168***	1			
inv	0	0.012*	0.017**	0.01	-0.034***	-0.057***	0.01	0.004	0.174***	-0.019***	-0.086***	-0.028***	0.065***	1		
cfo	-0.006	-0.015**	0.020***	0.003	0.033***	-0.075***	0.055***	0.030***	-0.270***	0.017**	0.218***	-0.158***	-0.055***	-0.140***	1	
big4	-0.001	-0.018***	0.027***	-0.017**	0.170***	0.194***	-0.072***	0.016**	0.182***	-0.020***	0.025***	0.447***	-0.085***	-0.048***	-0.047***	1

注：***、** 和 * 分别表示在 0.01、0.05 和 0.1 的水平（双侧）上显著相关。

被审计单位的财务报表的盈余操纵水平得以显著降低，从而提高了审计质量。据此，假设1：限定其他条件不变的情况下，会计师事务所非合伙人签字注册会计师晋升到合伙人会显著提高会计师事务所的审计质量得到了验证。

表7-4　　多元回归结果（模型7-1）

变量	AQ_1		AQ_2		AQ_3	
	系数	*t* 值	系数	*t* 值	系数	*t* 值
post	-0.0070**	2.01	-0.0080**	-2.32	-0.0080**	-1.96
board	0.0010	0.43	0.0010	0.41	0.0010	-0.45
plu	0.0010	0.26	0.0010	0.001	0.0010	0.21
indr	0.0085	1.09	0.0101	0.71	0.0086	0.77
lev	0.0758***	15.27	0.0649***	12.62	0.0585***	10.69
grow	0.0221***	28.58	0.0237***	29.59	0.0255***	29.8
roa	-0.2421***	-22.18	-0.2599***	-22.98	-0.5006***	-41.52
size	-0.0027**	-2.41	0.0033**	-2.54	-0.0055***	-4.52
rec	0.0007	0.04	0.0482***	4.29	0.0021	0.75
inv	-0.0419***	-4.21	-0.0346***	-3.36	-0.0481***	-4.38
cfo	0.0575***	9.83	0.0529***	8.73	0.0850***	13.16
big4	0.0176***	3.33	0.0101*	1.84	0.0010**	2.14
_cons	0.0988***	3.00	0.0028***	3.78	0.1521***	4.23
Adj. R^2	0.10		0.11		0.15	
F	59.05		59.35		95.11	
N	14023		14023		14023	

注：***、** 和 * 分别表示在0.01、0.05和0.1的水平（双侧）上显著相关，控制了行业、年度效应。

对控制变量进行观察可见：客户公司的规模（*size*）、总资产收益率（*roa*）、存货比率（*inv*）的回归系数均显著为负，说明规模大、财务业绩好、资产流动性强的公司对公司声誉更为注重，较少存在盈余操纵行为。财务杠杆（*lev*）等财务指标的回归系数显著为正，说明一旦公司财务状况出现危机、公司出于避免违反债务契约或避免亏损的动机，更倾向于进行盈余操纵。上市公司的营业收入增长率（*grow*）亦与 *AQ* 显著正相关，这与王晓珂等（2016）、Skinner and Sloan（2002）的研究发现一致，高成长性公司盈余管理的幅度更大。会计师事务所规模变量（*big4*）的回归系数显著为正，说明国际“四大”相对于“非四大”而言，可操纵盈余管理水平绝对值更高，审计执业质量更低。

表 7－5　　多元回归结果（模型 7－2）

变量	AQ_1		AQ_2		AQ_3	
	系数	t 值	系数	t 值	系数	t 值
post	－0.0173***	－3.08	－0.0177***	－3.03	－0.0197***	－3.18
idumy	－0.0077***	－4.39	－0.0060***	－3.26	－0.0010	－0.52
idumy×*post*	0.0165**	2.32	0.0147**	2.00	0.0196**	2.50
board	0.0004	0.54	0.0003	0.49	－0.0003	－0.43
plu	0.0004	0.28	0.0010	0.02	0.0004	0.24
indr	0.0166	1.09	0.0112	－0.71	0.0123	0.73
lev	0.0758***	15.28	0.0649***	12.62	0.0585***	10.7
grow	0.0222***	28.66	0.0238***	29.65	0.0255***	29.81
roa	－0.2436***	－22.32	－0.2611***	－23.08	－0.5008***	－41.52
size	－0.0027**	－2.38	－0.0006	－0.52	－0.0055***	－4.51
rec	0.0004	0.04	0.0482***	4.29	0.0093	0.77
inv	－0.0411***	－4.13	－0.0340***	－3.29	－0.0480***	－4.37
cfo	0.0581***	9.94	0.0533***	8.81	0.0850***	13.16
big4	0.0194***	3.66	0.0115**	2.09	0.0009	0.16
_cons	0.0994***	3.02	0.0344	1.01	0.1523***	4.24
Adj. R^2	0.0972		0.0971		0.1464	
F	56.2218		56.1938		89.5578	
N	14023		14023		14023	

注：***、** 和 * 分别表示在 0.01、0.05 和 0.1 的水平（双侧）上显著相关，控制了行业、年度效应。

由模型 7－2 的回归结果可以看出，非合伙人注册会计师向转变合伙人变量与事务所合伙人人数交叉项（*idumy*×*post*）的回归系数显著为正，这表明非合伙人签字注册会计师升任合伙人事件对审计质量的促进作用被弱化，合伙人人数的增多带来更高的沟通成本，且连带责任确认过程中对过错判定不同带来的巨大影响使部分合伙人明哲保身，给新晋升合伙人保有更高的审计质量带来了一定负面影响。这一结果验证了本书假设 2b：限定其他条件不变的情况下，会计师事务所合伙人人数越多，非合伙人签字注册会计师升任合伙人事件对审计质量的促进作用强度越低。

以上分析结果综合表明，非合伙人签字注册会计师晋升为合伙人后，随着预期民事赔偿的概率和民事赔偿力度的同时增加，能够从执业努力程度和执业审慎性两个方面对该注册会计师产生激励效果，对客户公司管理层进行盈余操纵的行为表现出了更强的抑制作用，从而提高了使用价值层面的审计质量。但在其他限定条件不变的情况下，会计师事务所总合伙人人数越多，为避免无限连带责任，反而在一定程度上切割了合伙人之间的互助沟通，削弱了新晋合伙人对审计质量的促进作用。

7.4 稳健性测试

（1）审计质量的替代度量。为确保结论的稳健性，我们参考古尔等（Gul et al.，2013）的研究，将审计报告激进度（AR）指标作为审计质量的替代变量对计量检验模型进行回归分析。由表 7－6 的回归结果可以看出：模型（7－1）中非合伙人签字注册会计师转变为合伙人（*post*）的回归系数仍显著为负，这说明非合伙人注册会计师在晋升后，随着民事责任的增加，在审计程序实施与审计报告出具过程中都会保持较高的审慎性，使被审计单位的财务报表的盈余操纵水平得以显著降低，从而提高了审计质量。模型（7－2）中非合伙人注册会计师向转变合伙人变量与事务所合伙人人数交叉项（*Idumy* × *post*）的回归系数仍显著为正，说明在其他限定条件不变的情况下，会计师事务所总合伙人人数越多，为避免无限连带责任，反而在一定程度上切割了合伙人之间的互助沟通，削弱了新晋合伙人对审计质量的促进作用，稳健性测试的结果进一步对前文研究结论提供了支持。

表7-6 回归结果之稳健性测试（1）：审计质量的替代度量

变量	模型（7-1）		模型（7-2）	
	系数	*t* 值	系数	*t* 值
post	-0.0209**	-1.99	-0.0445***	-2.71
idumy			0.0041	-0.81
idumy × *post*			0.0381*	-1.87
board	-0.0011	-0.57	-0.0011	-0.59
plu	0.0003	-0.07	0.0004	-0.08
indr	-0.005	-0.12	-0.0068	-0.16
lev	0.0249*	-1.77	0.0248*	-1.76
grow	0.0096***	-4.36	0.0095***	-4.35
roa	-0.1708***	-5.54	-0.1700***	-5.51
size	-0.0093***	-2.9	-0.0093***	-2.9
rec	0.0496	-1.62	0.0501	-1.64
inv	0.0482*	-1.71	0.0475*	-1.69
cfo	0.0232	-1.4	0.0226	-1.37
big4	-0.0560***	-3.77	-0.0573***	-3.84
_cons	0.1351	-1.45	0.1357	-1.46
Adj. R^2	0.0115		0.0118	
F	6.8690		6.5728	
N	14023		14023	

注：***、** 和 * 分别表示在0.01、0.05和0.1的水平（双侧）上显著相关，控制了行业、年度效应。

（2）控制事务所个体差异。前文的回归中已经控制了会计师事务所规模，但黄益雄和李长爱（2016）认为需要进一步控制会计师事务所之间的个体差异，因此，本书通过设置会计师事务所哑变量的方式进一步控制了会计师事务所层面的个体效应的影响。具体稳健性回归结果如表7-7所示，非合伙人签字注册会计师转变为合伙人（*post*）的回归系数仍显著为负，进一步对前文研究结论提供了支持。

表 7-7 回归结果之稳健性测试（2）：对会计师事务所代码加以控制

变量	AQ_1		AQ_2		AQ_3	
	系数	*t* 值	系数	*t* 值	系数	*t* 值
post	-0.0077 **	-2.08	-0.0092 **	-2.39	-0.0083 **	-2.1
board	0.0004	0.57	0.0004	0.55	-0.0002	-0.23
plu	-0.0001	-0.08	-0.0004	-0.26	0.0003	0.19
indr	0.0179	1.17	0.0119	0.76	0.0182	1.13
lev	0.0739 ***	14.79	0.0632 ***	12.21	0.0631 ***	11.95
grow	0.0221 ***	28.49	0.0236 ***	29.37	0.0217 ***	26.48
roa	-0.2438 ***	-22.21	-0.2617 ***	-23.02	-0.4867 ***	-41.96
size	-0.0022 *	-1.91	0.0001	0.11	-0.0064 ***	-5.30
rec	0.0027	0.25	0.0521 ***	4.60	0.0109	0.94
inv	-0.0395 ***	-3.94	-0.0319 ***	-3.07	-0.0545 ***	-5.15
cfo	0.0579 ***	9.86	0.0543 ***	8.93	0.0837 ***	13.48
big4	0.1031 ***	2.68	0.0890 **	2.23	0.0475	1.17
_cons	0.0778 **	2.33	0.0051	0.15	0.1583 ***	4.48
Adj. R^2	0.1014		0.1019		0.1507	
F	25.2051		25.352		39.6128	
N	14023		14023		14023	

注：***、** 和 * 分别表示在 0.01、0.05 和 0.1 的水平（双侧）上显著相关，控制了行业、年度和会计师事务所个体效应。

（3）控制合伙人个人特征。大量研究认为，合伙人个人特征会对审计质量造成影响（Gul et al.，2013；Cameran et al.，2016；Aobdia，2015；Knechel et al.，2015），松德格伦和斯万斯特罗姆（Sundgren & Svanström，2014）认为随着年龄的增长合伙人越不具备提高审计质量的动机，古德温和吴（Goodwin & Wu，2016）也得出了类似的观点，此外随着工作年限的增加，工作经验的累积又在一定程度上对合伙人的审计质量有促进作用，为了排除合伙人个人特征对审计质量带来的影响，本书进一步控制了合伙人职业年限（*gage*）和年龄（*idage*）两个变量。并以具体稳健性回归结果如表 7-8 所示，非合伙人签字注册会计师转变为合伙人（*post*）的回归系数仍显著为负，进一步对前文研究结论提供了支持。

表7-8　回归结果之稳健性测试（3）：对合伙人个人特征加以控制（模型7-1）

变量	AQ_1		AQ_2		AQ_3	
	系数	*t* 值	系数	*t* 值	系数	*t* 值
post	-0.0061**	-2.12	-0.0069**	-1.98	-0.0063**	-2.26
board	0.0001	0.15	0.0001	0.01	-0.0005	-0.69
plu	-0.0001	-0.03	-0.0006	-0.36	-0.0003	0.16
indr	0.0129	0.88	0.0045	0.30	0.0074	0.46
lev	0.0766***	15.87	0.0655***	13.10	0.0598***	11.22
grow	0.0215***	28.92	0.0231***	30.04	0.0248***	30.23
roa	-0.2403***	-22.77	-0.2580***	-23.59	-0.4969***	-42.57
size	-0.0010*	-0.84	0.0017	1.43	-0.0026***	-2.13
rec	-0.0003	-0.03	0.0443***	4.07	0.0054	0.46
inv	-0.0419***	-4.35	-0.0356***	-3.57	-0.0532***	-5.01
cfo	0.0538***	9.48	0.0479***	8.13	0.0796***	12.67
gage	0.0001	0.75	0.0001	0.73	-0.0001	-0.75
idage	-0.0002***	-2.88	-0.0002***	-3.46	-0.0002**	-2.29
big4	0.0159***	3.21	0.0087*	1.70	-0.0009	-0.17
_cons	0.0603*	1.87	-0.0128	-0.38	0.0887***	2.52
Adj. R^2	0.0971		0.0986		0.1487	
F	59.4494		60.4403		96.4974	
N	14023		14023		14023	

注：***、**和*分别表示在0.01、0.05和0.1的水平（双侧）上显著相关，控制了行业、年度、会计师事务所个体效应和合伙人个人特征。

对合伙人个人特征进行控制后，如表7-9所示，模型（7-2）中非合伙人注册会计师向转变合伙人变量与会计师事务所合伙人人数交叉项（*idumy* × *post*）的回归系数仍显著为正，说明在其他限定条件不变的情况下，撇开合伙人个人特征对审计质量的影响，会计师事务所总合伙人数越多，为避免无限连带责任，反而在一定程度上切割了合伙人之间的互助沟通，削弱了新晋合伙人对审计质量的促进作用，稳健性测试的结果进一步对前文研究结论提供了支持。

表 7-9 回归结果之稳健性测试(3):对合伙人个人特征加以控制(模型 7-2)

变量	AQ_1		AQ_2		AQ_3	
	系数	*t* 值	系数	*t* 值	系数	*t* 值
post	-0.0166***	-3.07	-0.0163***	-2.90	-0.0187***	-3.11
idumy	-0.0080***	-4.75	-0.0067***	-3.81	-0.0019	-1.03
idumy × post	0.0176***	-2.58	0.0157**	-2.22	0.0205***	-2.71
board	0.0002	-0.27	0.0001	-0.11	-0.0005	-0.66
plu	0	-0.00	-0.0005	-0.33	-0.0002	-0.13
indr	0.013	-0.89	0.0046	-0.3	0.0069	-0.43
lev	0.0765***	-15.86	0.0655***	-13.1	0.0598***	-11.23
grow	0.0215***	-29.01	0.0232***	-30.11	0.0249***	-30.24
roa	-0.2419***	-22.92	-0.2594***	-23.70	-0.4972***	-42.58
size	-0.0008	-0.74	0.0018	-1.5	-0.0026**	-2.08
rec	-0.0002	-0.02	0.0444***	-4.08	0.0057	-0.49
inv	-0.0410***	-4.27	-0.0349***	-3.50	-0.0530***	-4.98
cfo	0.0544***	-9.58	0.0484***	-8.21	0.0797***	-12.68
gage	0.0002	-0.88	0.0002	-0.84	-0.0001	-0.68
idage	-0.0002***	-3.09	-0.0002***	-3.63	-0.0002**	-2.39
big4	0.0177***	-3.58	0.0103**	-2	-0.0006	-0.11
_cons	0.0597*	-1.85	-0.0133	-0.40	0.0882**	-2.51
Adj. R^2	0.0985		0.0995		0.1491	
F	56.8911		57.5409		91.2371	
N	14023		14023		14023	

注:***、**和*分别表示在 0.01、0.05 和 0.1 的水平(双侧)上显著相关,控制了行业、年度、会计师事务所个体效应和合伙人个人特征。

(4)结合倾向得分匹配法 PSM 进行进一步分析。为了避免双重差分(DID)对总体进行回归时,在参数估计的过程中产生的偏误,我们引入了倾向得分匹配法 PSM 进行进一步分析,回归结果如表 7-10 所示,非合伙人签字注册会计师转变为合伙人(*post*)的回归系数仍显著为负,进一步对前文研究结论提供了支持。

表 7－10　　回归结果之稳健性测试（4）：PSM + DID

变量	AQ_1		AQ_2		AQ_3	
	系数	t 值	系数	t 值	系数	t 值
post	-0.0511**	-2.19	-0.0276**	-1.98	-0.0281**	-2.06
board	-0.0073**	-2.02	-0.0128***	-2.91	-0.0072*	-1.76
plu	0.0061	-0.51	0.0039	-0.27	0.0058	-0.43
indr	0.2650**	-2.27	0.0951	-0.67	-0.106	-0.8
lev	0.0056	-0.13	-0.0826	-1.53	-0.1249**	-2.46
grow	-0.0320***	-3	0.0022	-0.17	-0.0168	-1.39
roa	-0.8695***	-11.15	-0.8731***	-9.27	-1.1528***	-13.02
size	-0.0579***	-4.4	-0.0354**	-2.22	-0.0326**	-2.18
rec	-0.1354	-1.33	0.2196*	-1.78	0.2579**	-2.23
inv	-0.1665	-1.43	0.0222	-0.16	-0.3471***	-2.62
cfo	0.0081	-0.19	0.0161	-0.32	0.0128	-0.27
gage	0.0028*	-1.92	0.0029*	-1.67	0.0037**	-2.28
idage	-0.0004	-0.85	-0.0003	-0.48	-0.0003	-0.57
_cons	1.4014***	-4.51	0.9416***	-2.51	0.9981***	-2.83
Adj. R^2	0.5007		0.3857		0.5214	
F	21.2151		13.2812		23.0414	
N	533		533		533	

注：***、** 和 * 分别表示在 0.01、0.05 和 0.1 的水平（双侧）上显著相关，控制了行业、年度、会计师事务所个体效应和合伙人个人特征。

7.5　本章小结

本章选取 2014—2018 年我国沪深 A 股上市公司的财务报告、会计师事务所出具的审计报告以及签字注册会计师个人身份为初始研究样本，将会计师事务所合伙人由签字注册会计师到合伙人身份的转换，非合伙人签字注册会计师以被审计单位的盈余管理水平作为审计产品对使用者造成的正面影响的替代变量，运用回归模型通过对非合伙人签字注册会计师晋升到合伙人过程中民事责任增加的过程中，审计质量的变化来分析会计师事务所合伙人民事责任与“使用价值”层面审计质量之间的关系，为民事责任对使用价值层面的审计质量的影响机理及路径寻求事实证据。研究结果显示：

（1）限定其他条件不变的情况下，会计师事务所非合伙人签字注册会计师晋升到合伙人会显著提高会计师事务所的审计质量。非合伙人签字注册会计师晋升为合伙人后，民事责任赔偿概率因对合伙债务需承担连带责任而得以提升，且预期承担的民事赔偿力度也因收入分配方式的改变而相应增大，民事责任总体的增加对该新晋合伙人带来了威慑效应，提高了该新晋合伙人的执业谨慎和努力。最终体现为晋升合伙人后，该合伙人在审计活动中对客户公司管理层进行盈余操纵的行为表现出了更强的抑制作用，使该合伙人在使用价值层面的审计质量得以整体提高。

（2）进一步来说，限定其他条件不变的情况下，会计师事务所合伙人人数越多，非合伙人签字注册会计师升任合伙人事件对审计质量的促进作用强度越低。可能原因在于，在特殊普通合伙制下，合伙人面临着有限和无限两种连带责任可选择，区别在于他是否介入了他人失败的审计案件。此时会计师事务所人数越多，合伙人之间互相沟通了解和建立信任的沟通成本越多，合伙人之间的不信任程度越高。基于威慑效应合伙人在对自身行为进行成本收益分析后，更倾向于采取只会让他们承担有限责任的行为。因此，合伙人不再愿意向其他人提供帮助，尤其不愿对审计失败风险较大的新晋合伙人负责的项目伸出援手，以避免卷入可能发生的审计失败案例中，这使新晋合伙人无法得到指导和帮助，最终导致非合伙人签字注册会计师升任合伙人事件中，新晋合伙人民事责任的增加对审计质量的促进作用被弱化。由此可见，在现实环境中，威慑效应对整体审计质量的提升也存在不利的一面。

（3）借鉴古尔等（Gul et al.，2013）的研究经验，采用审计报告激进度指标作为审计质量的替代变量，多元回归分析得到的研究结论与主测试部分基本一致。根据黄益雄和李长爱（2016）研究经验，设置会计师事务所哑变量的方式进一步控制了事务所层面的个体效应的影响，多元回归分析得到的研究结论与主测试部分一致，为了排除合伙人个人特征对审计质量带来的影响，本书进一步控制了合伙人职业年限（*gage*）和年龄（*idage*）两个变量，多元回归分析得到的研究结论与主测试部分一致。为了避免双重差分（DID）对总体进行回归时，在参数估计的过程中产生的偏误，我们引入了倾向得分匹配法 PSM 进行进一步分析，回归结果仍与主测试保持一致，可见主测试的结论较为可靠。

第8章　研究结论、政策建议与研究展望

近年来，随着我国证券市场的频繁“爆雷”，投资者（主要是中小股东）的利益无法得到保障。作为证券市场“看门人”的会计师事务所审计质量引起了社会公众的普遍质疑，社会公众对建立有效的民事责任制度呼吁声此起彼伏。会计师事务所合伙人既是会计师事务所的所有者、执业者、监督者与管理者，又是法律责任的承担者，决定着会计师事务所的审计质量和运营方向。如何建立有效的民事责任制来促使他们产生提高审计质量的内在驱动，恢复证券市场各参与者之间的利益均衡既是社会公众的期待，也是学者们和业界迫在眉睫需要解决的问题。本书以威慑效应为线索，将民事责任细分为民事赔偿概率与民事赔偿力度两个要素，并根据劳动价值理论将审计质量分为价值和使用价值层面，对会计师事务所合伙人民事责任对审计质量的影响及路径进行研究，通过建立博弈模型和统计实证分析得出了一些结论。在本章中我们将对研究过程中的发现进行总结，从中思考合伙人民事责任对审计质量影响及路径中需要解决的问题，并据此提出政策建议和未来的研究方向。

8.1　研究结论

在进行相关文献的梳理后，本书首先对会计师事务所合伙人这一特殊的群体的历史演变发展作出回顾，并对我国注册会计师行业的民事责任的发展

及作用进行简要分析，明确合伙人民事责任的重要性；接着对会计师事务所合伙人民事责任和审计质量进行概念描述和定义，挖掘两者之间的关系，以威慑效应为线索形成合伙人民事责任与审计质量间相互关系的层次结构，构建概念框架图；随后以历史现象为启发提炼了合伙人民事责任对审计质量产生影响的发生机制，从微观的角度，分析了基于威慑效应合伙人面临的不同种类民事责任时可能产生的行为以及对审计质量的影响；最后运用数理模型推理法和实证研究法分别分析验证了民事责任对审计质量的威慑效应。得出的研究结论主要有如下几个方面。

8.1.1　理论分析结论

在第 3 章到第 5 章中对前期理论进行分析的过程中，我们发现，合伙人民事责任制度从源头上就是为了保障注册会计师行业的执业质量而产生的，它一方面监督合伙人履行应尽义务，促使他们提高“价值”层面的审计质量；另一方面通过财产性补偿对受害者（会计信息使用者）权益进行保护，恢复他们对行业的信心，带来“使用价值”层面审计质量的提升。有效的民事责任制度对合伙人形成有效威慑效应，使他们在执业活动中必须将违法的民事赔偿概率和力度纳入成本收益的考量，从主观上促使他们提高自身能力尽可能地提供更专业的服务，同时降低他们主动违规的动机，在执业时更加谨慎，最终带来审计质量的提高。但威慑效应发生最重要的前提条件是法律准则具有一定的明确性和相对稳定性，否则合伙人无法有效预期其民事处罚的概率和力度。而在我国，有关法律对会计师事务所合伙人民事责任的配置并不明确，且还存在不同法律间彼此冲突的情况，导致民事责任的威慑效应对审计质量提升机制无法有效实施。

除此之外，巨大的诉讼难度是导致请求权主体望而却步、合伙人民事责任追究机制无法形成有效威慑效应的关键。行政、刑事责任前置的规定；漫长的行政调查和案件审理带来的巨大时间成本；无集团诉讼制度带来的巨大诉讼成本，消磨了投资者的耐心和维护自身合法权益的信心，激化了他们对注册会计师行业的不满。民事责任追究机制无法生效，自然无法达到通过威慑效应影响合伙人的行为选择从而最终提高审计质量的目的。

最后，在我国公民个人财产难于验证和确定范围，使会计师事务所合伙人可能通过对个人财产的转移而避免承担赔偿责任。确立合伙人个人财产的范围是保证合伙人无限赔偿责任机制可操作性的关键，否则债权人还是无法获取应有的赔偿，而民事责任机制依然无法对合伙人产生有效的威慑效应。

据此以上结论，我们需要思考并解决的问题有：第一，如何建立具有一定的明确性和相对稳定性的法律环境？第二，如何降低受害者的诉讼难度？第三，如何建立合伙人及其他个人财产的认定和追踪机制？

8.1.2 数理模型分析结论

在第 6 章的数理模型分析中，我们通过理论归纳和模型演绎认为：民事责任越大，在合伙人经过成本收益衡量之后，越容易导致审计质量的提升。民事责任的存在增加了执业合伙人“偷懒”的成本，促使他们在执业过程中有充分的动力提高个人能力来发现被审计单位的虚假陈述；民事责任剥夺了执业合伙人“配合舞弊”不法收益，降低他们被审计单位管理层“收买”的可能。而其他合伙人为避免承担连带责任，也会通过干涉合谋和选择执业能力较强的合伙人，间接提高本所的审计质量。因此，合伙人在审计活动的过程中，依靠执业能力的提高和独立性的增强，在“价值”层面提高了审计质量。

同时，民事责任赔偿概率和惩罚严厉程度的差异使合伙人行为呈现出不同的威慑效应。合伙人不同行为渗入审计活动中，带来了“价值”层面审计质量的提升。根据对不同组织形式的会计师事务所合伙人所面临的不同民事责任赔偿概率和力度进行分析，我们发现：第一，较之有限责任制，在普通合伙制和特殊普通合伙制下，执业合伙人预期支付民事赔偿较高，执业合伙人从公司管理层所获得的合谋收益会小于可能遭受到的诉讼赔偿，执业合伙人便会尽可能地采用如实报告的方式，审计质量也会随之提高。第二，在普通合伙制及特殊普通合伙制下，合伙人雄厚的个人财产是其如实出具审计报告，提升审计质量的有力保证。而在有限责任制下，执业合伙人必须对会计师事务所投入足够多的资金，才能有效约束其违法动机。第三，执业合伙人个人能力不但对“价值”层面的审计质量有直接影响，专业能力与管理层合谋成本亦呈现正相关，较之有限责任制，被审计单位管理者需花费更多的合谋成本来说服普通合伙制和特殊普通合伙制的合伙人与之合谋。第四，执业合伙人财产占会计师事务所的财产份额越小，其他合伙人所占会计师事务所份额越大，越容易关注执业合伙人与公司管理层的合谋事项，并加以干涉，间接带来审计质量的提升。在合伙制下，非执业合伙人为避免承担连带责任，有通过干涉合谋来提升本所审计质量的动机。且对于一个审计项目而言，规模越大的会计师事务所，负责该审计项目的执业合伙人占份额越少，其他合伙人占份额越多，执业合伙人与公司管理层合谋成功的可能性就越小。因此可见，大中型会计师事务所采取特殊普通合伙制组织形式更有利于通过民事责任配置制度，使组织内部形成互相制约、互相督促的有效机制。

在对不同组织形式下会计师事务所合伙人民事责任的研究中，我们发现有待于我们进一步改进的问题包括：第一，我国有关法律对有限责任制及合伙制会计师事务所民事责任配置并不明确，若赔偿案件发生，公平合理分配民事赔偿责任的压力将转移给会计师事务所内部，此时如何在会计师事务所内部建立有效的民事责任配置机制至关重要；第二，合伙人/股东以个人财产或投入会计师事务所的份额作为审计质量的保证，因此为确保赔偿责任的落实，如何对合伙人个人财产及股东投入作出规定？如何针对不同组织形式的会计师事务所建立替代赔偿机制？第三，以组织形式改革推动审计质量提高的方向在哪里？

8.1.3　实证检验结论

在第 7 章的实证检验中，我们以被审计单位盈余管理水平替代“使用价值”层面的审计质量，用会计师事务所非合伙人签字注册会计师晋升到合伙人时发生的民事责任的变化来验证合伙人民事责任对“使用价值”层面的审计质量的影响。我们发现：第一，非合伙人签字注册会计师晋升到合伙人后，民事责任民事赔偿概率在成为合伙人所需承担的连带责任下得以提升，且预期的民事赔偿力度也因收入分配方式的改变而更加严厉，民事责任主体的增加对该新晋合伙人带来了威慑效应，提高了该新晋合伙人的执业谨慎和努力，最终体现为晋升合伙人后该合伙人在审计活动中对客户公司管理层进行盈余操纵的行为表现出了更强的抑制作用，使得该合伙人在“使用价值”层面的审计质量得以整体提高。第二，在特殊普通合伙制下，合伙人面临着有限和无限两种连带责任可选择，标准在于他是否介入了他人失败的审计案件，此时会计师事务所人数越多，合伙人之间互相沟通和了解建立信任的沟通成本高，合伙人之间的不信任程度越高。基于威慑效应合伙人在对自身行为进行成本收益分析后，更倾向于采取只会让他们承担有限责任的行为。因此，合伙人不再愿意向其他人提供帮助，尤其不愿对审计失败风险较大的新晋合伙人负责的项目伸出援手，以避免卷入可能发生的审计失败案例中，这使新晋合伙人无法得到指导和帮助，最终导致非合伙人签字注册会计师升任合伙人事件中，新晋合伙人民事责任的增加对审计质量的促进作用被弱化。

据此，我们认为民事责任威慑效应对使用价值层面的审计质量具有提升作用，但现实中该解决的问题在于如何消除合伙人之间利益不一致所带来的负面影响？

8.2 政策建议

针对 8.1 节中对全书研究结论的总结以及根据结论我们得出的会计师事务所合伙人民事责任对审计质量影响及路径中需要解决的问题的归纳，我们发现主要问题集中在三个方向，即如何建立健全与会计师事务所合伙人民事责任相关的民事诉讼法律制度、如何进一步推动我国会计师事务所组织形式改革以及如何规范审计市场，本节内容我们将针对这三个方向提出政策建议。

8.2.1 健全民事诉讼制度，确保民事追究责任的威慑效应发挥

（1）笔者认为，应制定更清晰的法律，明确连带责任的划分，因为虚假

陈述一般涉及多个主体，在共同被告层面，应制定更清晰的法律明确连带责任的划分，而目前我国法律规定均为原则性规定①，各责任主体之间如何进行民事责任划分并不明确。根据侵权法的基本原理以及人民法院在审理共同侵权案件的通常做法，一般根据责任人的过错大小、原因力比较等因素认定各连带责任人的责任比例，从而进行内部责任的划分。在证券虚假陈述共同侵权行为中，关于责任大小认定，我们认为应从被告的主观动机和过错程度两个方面进行考虑。首先，被审计单位的实际控制人是虚假陈述最主要的获利者，具有最大的违法动机，应以其全部资产首先进行赔偿，且中小股东应保留对实际控制人的追偿权。其次，信息披露的义务人应为被审计单位，因此在单位内部其他高管是否存在合谋行为，虚假信息披露具体事项是否通过董事会、办公会等会议研究决定，被审计单位公司董事、监事、高管是否在发现虚假信息时采取了隐瞒、掩饰等举措，是否在监管机构进行调查时存在欺诈隐瞒等行为干扰调查进度的行为，应根据相关行为主观动机和其在虚假陈述中发生的作用，综合判断确定其应承担的责任比例，作为第二顺序的赔偿。随后再对中介机构的主观过错，根据过错推定的归责原则，实行举证责任倒置，主要由证券中介机构进行举证，根据相关事实来判断证券中介机构与发行人或上市公司之间是否存在串通、证券中介机构是否勤勉尽责、是否尽到了审慎的注意义务等，从而判断证券中介机构在主观上是故意、还是重大过失、还是一般过失。关于行为的原因力，主要根据证券中介机构所提供的构成虚假记载、误导性陈述或者重大遗漏的相关文件或具体内容的虚假程度以及在证券发行或交易中的重要性等，判断该证券中介机构的虚假陈述行为在整个侵权行为中的作用力。总体而言，连带责任人的内部责任划分问题应由法官在案件审理过程中根据具体案件情况自由裁量。我们希望后续案例的出现能够在司法实践中就该问题形成相对明确的判断思路和裁判标准，从而在依法保护投资者合法权益的同时，明晰证券中介机构各自的民事赔偿责任。

---

① 《中华人民共和国侵权责任法》第八条规定："二人以上共同实施侵权行为，造成他人损害的，应当承担连带责任。"同时，《中华人民共和国侵权责任法》第十四条第一款规定："连带责任人根据各自责任大小确定相应的赔偿数额；难以确定责任大小的，平均承担赔偿责任。"

除此之外在注册会计师行业层面应构建以合伙人为主要责任主体的民事责任体系。我国针对民事诉讼责任主体尚不清晰，大多数法律规定了会计师事务所为主体承担民事责任，也有少量法规提及注册会计师可作为民事诉讼主体。因此，在司法实践过程中注册会计师的民事责任主体地位始终存在争议，且相关法律法规并未将合伙人与非合伙人注册会计师民事责任进行区分。我们认为，构建以合伙人为主要责任主体的民事责任体系可较为精准地处罚责任人。不但能对在执业和监管都处于重要作用的合伙人产生有效威慑，使其更加重视审计质量的提高，也不会因过度波及事务所其他无辜人员带来行业内部的大变动，最终影响整体审计市场的秩序。

（2）降低诉讼难度，大力发展投资者保护机构，适当引入团体诉讼制度，以法务会计鉴定报告替代行政处罚前置程序。证券市场监管领域应将倾向于融资者的保护态度转向切实保护投资者利益。我们的具体建议包括：第一，取消行政处罚、刑事判决的前置程序，替之以法务会计鉴定报告。在司法领域，行政责任或刑事责任的举证标准远高于民事责任，行政处罚、刑事判决的前置程序在法理上本就存在逻辑缺陷（缪因知，2013）。且从立案调查到下达行政处罚，再到开启民事诉讼，最后等待判决过程耗时漫长，再加上我国不健全的个人财产申报制度，导致本该承担民事赔偿责任的合伙人有充分的时间和渠道来转移个人财产（包括违法所得），被害人即使申诉也面临无法得到实际赔偿的后果。因此，取消行政处罚、刑事判决的前置程序，可采取如中国证监会“预审查”等方式，筛选一部分情节严重、影响恶劣的民事案件，优先进入民事诉讼环节。第二，建立投资者举报机制。设立投资者举报受理渠道，及时处理投资者举报信息，且一旦核实给予举报者适当的奖励或优先获得赔偿的权利。一个国家证券市场的健康程度很多时候是由投资者权益是否能得到有效保护来衡量的。投资者是上市公司虚假陈述最直接的利益关系人，他们对上市公司监督有最强烈的动机。虽然中国证监会于2014年6月发布了《证券期货违法违规行为举报工作暂行规定》，表示会对提供欺诈发行、信息披露违法违规、操纵市场、内幕交易和利用未公开信息交易违法案件线索的实名举报，并承诺经调查属实并作出行政处罚后给予奖励。然而现实却让投资者频频失望。以康美药业的举报者为例，刘志清于2014年8月13日到中国证监会进行实名举报，中国证监会回复其未发现康美药业存在举报所涉及的违法情况。刘志清认为中国证监会严重渎职，不服并向法院起诉控告中国证监会。其结果是一审裁定不予立案，二审、最高人民法院终审投资者均败诉。法院认为：中国证监会作为证券市场监管部门应在上述立法本意下履行职责，其对投资者权益的保护并不具体到特定的股民个人，而是证券市场中所有不特定投资者的利益。股民个人的合法权益应通过其他法律途径寻求救济。而最高人民法院认为：证券监管机关不负有基于个别举报投诉而启动行政调查程序的法定义务，个别投资者亦不具有要求证券监管机关为其个人利益而履行监管职责的请求权。可见我国司法系统并不认可投资者个人举报这一做法。当然，这与我国投资者群体规模与司法资源稀缺之间的矛盾有关。因此，我们认为，可建立专业能力较强且具有政府背景的投资者保护机构，并为这些机构配备法务会计、相关专业人士如学术界或业界的会计专家提供专业支持，鼓励投资者收集足够翔实的证据并交至专家分析审核，再由法务会计出具鉴定报告，投资者保护机构统一将相关证据和鉴定报告交由中国证监会进行审理。如若有必要可授予投资者权力以自愿筹资的方式要求投资者保护机构雇佣其他会计师事务所对该上市公司的审计活动进行复核。赋予投资者保护机构收集受害者意愿，聘请律师提起集团诉讼的权利。若行政处罚门槛无法取消，这种方式可加大中国证监会行政监管的覆盖面，增加上市公司虚假陈述的民事赔偿概率及受害者可提起民事诉讼的概率；若行政处罚门槛得以取消，这种方式可降低原告（投资者）举证的难度，且在对于法院和中国证监会而言，翔实集中的前期证据可大量减少他们监管的经济成本和时间成本。民事处罚早日落到实处，才能恢复外部投资者对我国证券市场的信心，才能真正对合伙人形成威慑效应，使其产生提高审计质量的内在驱动。

（3）发挥合伙人个人财产对审计质量的保障作用。首先，应建立健全会计师事务所合伙人财产登记制度，将合伙人个人税务申报系统作为其个人财产的辅助证据，降低其隐匿财产的可能。若无健全的会计师事务所合伙人财产登记制度，将民事赔偿落到实处，不但会削弱转制等政策对会计师事务所审计质量的提升作用，也会造成本已稀缺的司法资源的浪费，最终使投资者丧失对我国证券市场的信心。其次，在特殊普通合伙制下，会计师事务所很可能为了最大限度地提高收益，降低风险而破格提拔个人能力不错但相对个人财产相对较少的注册会计师，并让他们为高风险的项目签字，以减少整个事务所的民事责任赔偿金额。因此相关法律法规应将个人财产作为限定标准来提高执业合伙人的晋升门槛，并限制“受薪合伙人”的数量。

8.2.2 以政策引导事务所治理，促进审计质量提升

（1）改变对会计师事务所评判标准，以执业质量为导向，鼓励会计师事务所内涵式发展。在我国，企业进行审计项目招投标时，通常将会计师事务所排名作为最重要的一项指标。而根据财政部和中国注册会计师协会的评判标准收入规模是影响排名的最重要因素，越“大”越容易获取业务。业务越多会计师事务所收入越多规模进一步扩大，对会计师事务所而言，“大”成为了一个良性循环。加之相应主管部门在制定审计委托制度时，对“规模”设置了门槛。会计师事务所为了获得更多执业资格，争取更多优质客户开始急切地进行外延式扩张，使会计师事务所内部整合的速度远远比不上其扩张的脚步。但是，这种合并并不完全是建立在市场竞争的基础上的。不同地区、不同经营理念的会计师事务所之间松散地联合在一起，在组织内部可能并没有形成合理的管理结构和共同认同的管理权威，也没有形成有效的合伙文化和诚信文化，仅仅依靠表面上“志同道合”，实际上各自为政。近年来，多次因虚假陈述被告上法庭的立信会计师事务所和瑞华会计师事务所均是我国排名靠前的“大所”，且均存在整合不力、管理松散的问题，导致在审计质量上并未达到应有的“大所”要求。因此，笔者认为有关部门在制定资格审核政策时，弱化“收入规模”这一简单粗暴的标准，尽可能加大对会计师事务所的执业质量的考察，综合考虑客户公司盈余管理水平、会计师事务所受到行政处罚的情况、会计师事务所的审计调整情况、会计师事务所民事和刑事诉讼情况、会计师事务所赔偿能力以及实地考察会计师事务所治理的一体化程度，内部管理有效性等因素，引导会计师事务所合伙人更加重视其审计质量的提高。

（2）利用“圈子”建立合伙人之间的联保制度，缓解特殊普通合伙制下

合伙人之间利益不一致所带来的负面影响。特殊普通合伙制是我国近年来大力推动的组织形式。笔者认为，会计师事务所完全可以利用内部的“圈子”文化进行会计师事务所治理模式的改进。一个可行的办法是进行基于“圈子”文化的合伙人的联保制度。合伙人之间的联保制度就是会计师事务所内部合伙人组成一个小圈子。组成方式可根据合伙人个人意愿、合伙人私人财产、创新能力、面对风险的态度、执业经验等方面进行综合匹配考量，确保新晋合伙人及新加入的合伙人进入适合的“圈子”中。在“圈子”内部合伙人对彼此执行的业务进行联保，对联保人的执业水平具有无限连带责任，对联保外的合伙人的执业活动根据其在合伙企业的财产承担有限责任。在特殊普通会计师事务所内部采用联保制度。一方面，可以充分利用会计事务所内部的“圈子”文化；另一方面，可以降低合伙人之间消极监督甚至不再愿意监督的现象，能够加强联保内的合伙人之间的监督力度，从而能够改善合伙人的执业质量；再一方面，从合伙人之间的日常关系来看，合伙人之间的圈子相对固定，建立基于信任关系上的联保制度能够发挥特殊普通合伙制的“人合”特点。因此，基于事实上已经存在的“圈子”之上的联保制度具有非常大的可行性，并且能够改进合伙人的执业质量。

（3）参考担保公司的运营模式，披露会计师事务所的赔偿能力，使之成为审计质量的信号传递机制的有机组成部分。尤其是在有限责任制会计师事务所中，首先我们不赞成完全用合伙制取代有限责任制，我们的研究发现，大中型会计师事务所采用特殊普通合伙制时审计质量提升效果更为明显。因此，不考虑会计师事务所规模而一律强制要求所有会计师事务所皆采用特殊普通合伙形式并不可取。加之我国审计市场客户的多样性，应给予客户更多种类的选择。在有限责任制会计师事务所中，最让投资者担心的就是有限的赔偿范围。若参考担保公司的运营方式，这一问题将得以缓解。具体操作方式包括：监管部门在对有限责任制会计师事务所进行评估和排序时，以注册资本、净资产、会计师事务所计提的职业风险基金及购买的职业责任保险等代表赔偿能力的指标为主导来衡量该会计师事务所的实力。公布会计师事务所的赔偿能力，会计师事务所合伙人/股东可对不法行为可能面临的民事赔偿力度进行有效预估，产生威慑效应，使其更加重视自身审计质量的提高；公布会计师事务所赔偿能力间接向公众传递了会计师事务所对自身审计质量的担保的决心；公布会计师事务所赔偿能力使客户在选择会计师事务所时，也将以此作为依据。在这种制度下，选择对审计质量担保力度更强的会计师事务所的企业会更容易获得公众的信任和青睐，而选择不具担保能力的会计师事务所的企业会给投资者造成“不负责任”的形象最终被市场淘汰，最终有利于我国有效审计市场的建立。这种方式可同样推广至合伙制会计师事务所中，中国注册会计师协会应在对合伙制会计师事务所（包括特殊普通合伙制会计师事务所）进行评估和排序时，考虑加入以注册资本、净资产、会计师事务所计提的职业风险基金及购买的职业责任保险等代表的赔偿能力的指标。但由于合伙人个人财产状况无法公开披露，因此，应据此对审计服务使用者作出充分的解释。

8.2.3 以现实为依据规范审计市场，暂缓尚未成熟的法规颁布

《中华人民共和国证券法》（以下简称《证券法》）从2015年开始进入第五次修订，根据2019年4月26日公布的《证券法（修订草案）（三次审议稿）》①，取消对从事证券服务业务资格的要求。通过这一举措，多年不变的40家拥有资格的会计师事务所瓜分上市公司审计业务将被终结，更多的会计师事务所可以从事上市公司审计业务，然而我们认为我国目前的证券市场成熟度和审计市场的有效程度并不具备完全“放开”证券从业资格证限制的条件，完善证券期货资格评判标准和考核机制才是目前应采取的措施。主要理

---

① 《证券法（修订草案）（三次审议稿）》（2019）第一百七十条：会计师事务所、律师事务所以及从事证券投资咨询、资产评估、资信评级、财务顾问、信息技术系统服务的机构，应当勤勉尽责、恪尽职守，按照相关业务规则为证券的交易及相关活动提供服务。从事证券投资咨询服务业务，应当经国务院证券监督管理机构核准；未经核准，不得为证券的交易及相关活动提供服务。从事其他证券服务业务，应当报国务院证券监督管理机构备案。第一百七十一条：有下列情形之一，不得从事证券服务业务：（一）最近三年因证券违法行为受到重大行政处罚、刑事处罚，或者有其他严重不良诚信记录的；（二）被国务院证券监督管理机构采取不受理或者审核其出具的有关文件的监管措施，或者限制业务的监管措施，尚在执行期的；（三）从业人员少于规定人数的；（四）国务院证券监督管理机构规定的其他情形。

由在于我国证券市场仍有大量的无效审计需求，加之民事责任制度尚未完善，恶意低价竞争时有发生，如若此时取消对证券从业资格证的限制，大量会计师事务所涌入上市公司审计业务，无序竞争将会愈演愈烈。现有证券从业资格证的 40 家会计师事务所均为特殊普通合伙制，在民事责任威慑效应的作用下，合伙人会对高风险的业务进行更多的评估来考虑是否承接该项业务，而处于有限责任制的会计师事务所，基于有限的违法成本，对承接高风险业务有所顾虑，这将变相地鼓励作假行为，监管者的监管成本将大幅提高。且“讲究身份”是我国文化中根深蒂固的理念。获得证券从业资格证一方面是对实力强大、业务精湛的会计师事务所的嘉奖，为其他会计师事务所树立了行业标杆，明确了奋斗方向。另外，“欲戴皇冠必承其重”以拥有资格的会计师事务所，处于更为严格的监管环境中，特殊普通合伙制组织形式给予了合伙人更强烈的威慑效应，促使他们必须通过提高审计质量来履行他们对审计服务使用者的承诺。因此，笔者认为，在现阶段不应对从事证券服务业务资格进行取消，完善证券期货资格评判标准和建立有进有出的考核机制才是目前应采取的措施。具体措施包括前文所述的改变排序标准以及让更多符合条件、执业质量优秀的会计师事务所获取证券从业资格证，并定期评估淘汰执业质量与其“身份”不符的会计师事务所。

8.3　未来研究方向

本书以威慑效应为线索对会计师事务所合伙人民事责任对审计质量的影响及路径进行研究，并根据劳动价值理论将审计质量分解为“价值”和“使用价值”两个层面，所得结论更为深入全面。但囿于篇幅、数据的可获得性和个人研究能力，一些有价值的问题有待我们继续完善。

第一，非合伙人的签字注册会计师对审计质量亦有密切影响，但并未纳入本书研究范围。民事责任通过对非合伙人的签字注册会计师行为最终对审计质量产生影响的机理，有待我们后续研究完善。

第二，如何在会计师事务所内部建立有效的民事责任配置机制是一个巨大的系统项目，本书中提出的利用“圈子”建立联保制度还是个初步设想，若需完善该制度，需要结合大量数据、案例，或采取调研、实验等方式进行系统深入的研究。

第三，集团诉讼能有效地增加证券市场违法人员被民事处罚的概率和力度，给予更多投资者被补偿的机会，但以美国近百年的集团诉讼制度来看，首先它可能带来一定程度的扰述和滥诉消耗本已不足的司法资源，其次集团诉讼固有的缺陷如信息不对称造成的代理律师滥用职权，保险和基金使管理层或合伙人将风险转嫁而无法得到应有的惩罚等，可能将进一步造成我国证券市场的动荡。因此需以中国证券市场实际情况作为基础，参考各国集团诉讼制度，尤其是以德国为代表较为保守的集体救济制度，可在其基础上去芜存精，进行大量系统深入的研究，方可推广应用。

第四，若新的证券法颁布后，取消了对从事证券服务业务资格的要求，将会有不同组织形式的会计师事务所涌入上市公司审计服务，可获取的被审计的财务信息和审计信息将不再局限于特殊普通合伙制会计师事务所，我们将可对不同性质的会计师事务所合伙人民事责任对审计质量的影响进行对比实证检验，使我们的研究结果更为全面。

最后，随着我国证券市场民事责任法律制度的逐步完善，已有部分相关案件进入了审理阶段，实际案例有助于我们更直观地分析民事责任对合伙人个人行为及审计质量的影响。未来我们将持续关注相关案例的进展，不断根据案例来充实完善我们的研究。

参考文献

[1] 白云霞，陈华，黄志忠．法制环境、审计质量与IPO首日回报——来自国有IPO公司的证据［J］．审计研究，2009（3）：67—73.

[2] 陈朝阳．证券民事诉讼机制的完善——兼评最高人民法院《关于受理证券市场因虚假陈述引发的民事侵权纠纷案件有关问题的通知》［J］．华东政法大学学报，2003（1）：84—92.

[3] 陈春良，易君健．收入差距与刑事犯罪：基于中国省级面板数据的经验研究［J］．世界经济，2009（1）．10—16.

[4] 陈岱松．证券上市监管法律制度国际比较研究［M］．北京：法律出版社，2009：12—23.

[5] 陈汉文，夏文贤，黎代福．受托责任、信息披露与规则安排——公司治理、受托责任与审计委员会制度（上）［J］．财会通讯，2003（12）：19—21.

[6] 陈汉文，王华，郑鑫成．安达信：事件与反思［M］．广州：暨南大学出版社，2003：27—30.

[7] 陈洁．证券民事赔偿责任优先原则的实现机制［J］．证券市场导报，2017（6）：57—64.

[8] 陈小林，张雪华．会计师事务所转制提高了审计质量吗？——基于事务所转制前后的纵向分析［J］．会计论坛 2016，15（1）：3—25.

[9] 陈永凤，吴青川等．事务所改制能提高审计质量吗？——基于中国资本市场的经验证据［J］．会计与经济研究，2014（3）：65—79.

[10] 崔云，唐雪松．审计师法律责任风险关注度与真实盈余管理行为［J］．审计研究，2015（6）：60—69.

［11］冯均科．我国注册会计师审计质量控制模式探析［J］．财会月刊，2003（6b）：48—49.

［12］傅绍正，张俊民，肖志超．内部控制单独审计和整合审计比较研究——基于审计成本和审计质量视角［J］．中央财经大学学报，2016（4）：61—70.

［13］韩维芳．会计师事务所特殊普通合伙转制的影响研究——合伙人层面的分析［J］．审计研究，2016（2）：90—97.

［14］何琳洁，贺辰衎，李吟月．会计师事务所转制对审计质量的影响效应——基于A股上市公司的实证分析［J］．湖南农业大学学报（社会科学版），2017，18（5）：81—86.

［15］侯梦斐．我国证券民事责任制度的完善［J］．法制与经济，2016（8）：12—20.

［16］黄辉．中国证券虚假陈述民事赔偿制度：实证分析与政策建议［J］．证券法苑，2013，9（2）：967—995.

［17］黄洁莉．英、美、中三国会计师事务所组织形式演变研究［J］．会计研究，2010（7）：65—72.

［18］蒋煦涵，谢盛纹．特殊普通合伙制会计师事务所民事责任的配置［J］．企业经济，2016（2）：75—79.

［19］蒋尧明，唐衍军．事务所转制、法律风险与审计质量［J］．商业经济与管理，2015（12）：61—68.

［20］蒋尧明，肖洁．特殊普通合伙制会计师事务所民事责任、合伙人行为与审计质量——基于博弈论的视角［J］．当代财经，2018，（10）：113—122.

［21］蒋尧明．审计报告虚假陈述民事赔偿保障制度的建立与完善［J］．审计研究，2005（3）：68—71.

［22］蒋尧明．特殊普通合伙制会计师事务所合伙人及其与非合伙人之间民事责任的配置研究［J］．当代财经，2014（9）：110—119.

［23］蒋尧明．特殊普通合伙制会计师事务所民事赔偿保障制度的建立和完善［J］．当代财经，2012（10）：108—120.

［24］蒋尧明．特殊普通合伙制会计师事务所民事责任的特征及其合伙人

民事责任的配置研究［J］．当代财经，2013（11）：110—119.

［25］蒋尧明．有限责任合伙制会计师事务所民事责任若干疑难问题研究［J］．当代财经，2010（10）：103—111.

［26］蒋尧明．上市公司会计信息虚假陈述民事责任研究［M］．北京：中国财政经济出版社，2004：13—22.

［27］蒋尧明．注册会计师审计报告虚假陈述民事责任研究［M］．北京：中国财政经济出版社，2009：56—62.

［28］孔宁宁，李雪等．制度环境、会计师事务所转制与审计质量［J］．审计与经济研究，2016（2）：33—41.

［29］雷光勇，曹建．法律责任、审计质量与最佳投资水平［J］．当代财经，2008（3）：94—97.

［30］李江涛，宋华杨，邓迦予．会计师事务所转制政策对审计定价的影响［J］．审计研究，2013（2）：99—105.

［31］李江涛，严文龙等．人力资本、组织资本与会计师事务所市场业绩——来自会计师事务所综合评价的经验数据［J］．审计研究，2016（6）：105—112.

［32］李娟．浅论异议股东股权回购请求权［J］．法制与社会，2015（31）：10—19.

［33］李明辉，曲晓辉．我国上市公司财务报告法律责任的问卷调查及分析［J］．会计研究，2005（5）：47—53.

［34］李若山，周勤业．注册会计师法律责任理论与实务［M］．北京：中国世代经济出版社，2002：27—32.

［35］刘峰，许菲．风险导向型审计·法律风险·审计质量——兼论“五大”在我国审计市场的行为［J］．会计研究，2002（2）：21—27.

［36］刘行健，王开田．会计师事务所转制对审计质量有影响吗？［J］．会计研究，2014（4）：88—94.

［37］刘启亮，陈汉文．特殊普通合伙制、政府控制与审计师选择［J］．财会通讯，2012（24）：27—32.

［38］刘启亮，郭俊秀，汤雨颜．会计师事务所组织形式、法律责任与审

计质量——基于签字审计师个体层面的研究 [J]. 会计研究，2015 (4): 86—94.

[39] 刘笑霞. 审计师惩戒与审计定价——基于中国证监会 2008—2010 年行政处罚案的研究 [J]. 审计研究，2013 (2): 90—98.

[40] 卢宁文. 审计质量形成机理的博弈均衡分析 [J]. 审计与经济研究，2012，27 (5): 44—51.

[41] 逯颖. 会计师事务所组织形式对审计质量的影响 [J]. 审计与经济研究，2008，23 (6): 47—50.

[42] 吕鹏，陈小悦. 有限责任制、无限责任制与审计质量：一个博弈的视角 [J]. 审计研究，2005 (2): 41—43 + 19.

[43] 缪因知. 中国证券法律实施机制研究 [M]. 北京：北京大学出版社，2017: 148—151.

[44] 缪因知. 内幕交易民事责任制度的知易行难 [J]. 清华法学，2018，12 (1) 28—33.

[45] 彭桃英，杨波. 独立审计工作质量评价方法探讨 [J]. 审计月刊，2005 (11): 44—45.

[46] 彭真明. 证券欺诈民事救济制度研究 [M]. 北京：中国社会科学出版社，2008: 28—33.

[47] 彭志国，张庆龙. 我国注册会计师执业责任保险投保方式探讨 [J]. 审计研究，2013 (3): 81—85.

[48] 漆江娜，陈慧霖，张阳. 事务所规模、品牌、价格与审计质量——国际“四大”中国审计市场收费与质量研究 [J]. 审计研究，2004 (3): 59—65.

[49] 乔彦军. 特殊普通合伙与事务所做大做强 [J]. 中国注册会计师，2008 (5): 41—43.

[50] 秦荣生. 对我国特殊普通合伙会计师事务所若干问题的思考 [J]. 当代财经，2010 (12): 114—119.

[51] 秦荣生. 公司治理与内部审计监督 [J]. 中国内部审计，2010 (11): 24—28.

［52］饶茜，刘斌，陈建凯．区域性会计师事务所行为研究——来自中国市场的经验证据［J］．财经理论与实践，2011，32（4）：86—90.

［53］宋衍蘅，肖星．监管风险、事务所规模与审计质量［J］．审计研究，2012（3）：83—89.

［54］孙宝厚．审计监督：为救灾重建提供有力保障［J］．求是，2008（14）：38—39.

［55］谭燕．资源控制权、控制权收益与会计师事务所合并［J］．会计研究，2006（6）：41—47.

［56］唐清泉，韩宏稳．关联并购与公司价值：会计稳健性的治理作用［J］．南开管理评论，2018，No.120（3）：25—36.

［57］田土城．特殊普通合伙制度的健全完善［J］．河南社会科学，2007（3）：79—84.

［58］王爱国，尚兆燕．法律惩戒、审计意见与审计变通行为——来自上市公司的数据［J］．审计研究，2010（2）：54—61.

［59］王春飞，陆正飞．事务所"改制"、保险价值与投资者保护［J］．会计研究，2014（5）：81—87.

［60］文森特·奥赖利等．蒙哥马利审计学［M］．刘霄仑等译．北京：中信出版社，2007：20—29.

［61］翁晓健．证券市场虚假陈述民事责任研究［M］．上海：上海社会科学院出版社，2011.49—53.

［62］吴彩莲．审计师法律责任安排与审计质量的关联性研究［D］．湖南大学，2007：15—21.

［63］吴伟荣，刘亚伟．公共压力与审计质量——基于会计师事务所规模视角的研究［J］．审计研究，2015（3）：82—90.

［64］徐文鸣．证券民事诉讼与投资者赔偿——基于虚假陈述案件的实证分析［J］．山东大学学报：哲学社会科学版 2017，1（3）：67—75.

［65］徐文鸣．证券民事诉讼制度实施效果的实证研究——以虚假陈述案件为例［J］．证券市场导报，2017（4）：29—35.

［66］许光伟．《<政治经济学批判>导言》逻辑解析——文本问题、

“科学抽象法”的反思及其他［J］. 当代经济研究，2015（7）：5—12+97.

［67］许汉友，姜亚琳，陈茜. 基于DEA的特殊普通合伙制会计师事务所运营效率研究［J］. 会计研究，2017（9）：69—75.

［68］许玉婷. 会计师事务所组织形式转变对审计质量的影响［D］. 大连：东北财经大学，2013：18.

［69］闫焕民，刘宁，陈小林. 事务所转制是否影响审计定价策略？——来自我国上市公司的经验证据［J］. 审计研究，2015（5）：93—101.

［70］杨城. 论我国虚假陈述民事责任主体的困境与创新［J］. 证券市场导报，2017（7）：70—78.

［71］耀友福，胡宁，周兰. 审计师变更、事务所转制与股价崩盘风险［J］. 审计研究，2017（3）：97—104.

［72］叶建芳. 法律渊源、投资者保护与审计质量——来自全球主要股票市场的证据［J］. 审计研究，2010（4）：78—88.

［73］余盛钧. 中国注册会计师简史［M］. 上海：立信会计出版社，2016：29—38.

［74］余玉苗，李琳. 审计师任期与审计质量之间关系的理论分析［J］. 经济评论，2003（5）：124—128.

［75］原红旗，李海建. 会计师事务所组织形式、规模与审计质量［J］. 审计研究，2003（1）：32—37.

［76］詹群. 我国注册会计师法律责任与审计质量的关联性研究［C］. 中国会计学会高等工科院校分会学术会议，2009：8.

［77］张栋. 审计质量如何量化：述评与展望［J］. 新会计，2009（7）：43—45.

［78］张宏亮，文挺. 审计质量替代指标有效性检验与筛选［J］. 审计研究，2016（4）：67—75.

［79］张俊民，张晓. 特殊普通合伙制、法制环境与审计保险价值［J］. 财经论丛（浙江财经大学学报），2017（9）：65—73.

［80］张连起. 特殊普通合伙转制的实践与体会［J］. 中国注册会计师，2011（4）：27—31.

[81] 张龙平. 注册会计师审计控制系统研究 [J]. 中南财经政法大学学报，1994，87 (6)：75—80.

[82] 张蕊，谢盛纹. 论注册会计师民事责任制度的建立与完善 [J]. 审计研究，2002 (4)：35—40.

[83] 章武生. 我国证券集团诉讼的模式选择与制度重构 [J]. 中国法学，2017 (2)：276—302.

[84] 赵国宇，王善平等. CPA 法律责任制度变迁对审计质量的影响 [J]. 财经科学，2008 (10)：87—93.

[85] 周恺. 台湾地区会计师民事责任的最新发展及启示 [J]. 审计研究，2013 (3)：75—80.

[86] 周兰. 上市公司中小股东权益审计保护问题研究 [D]. 湖南大学，2013：27—29.

[87] 朱晔，殷洁. 论违规审核证券发行的侵权责任 [J]. 海峡法学，2003 (2)：47—48.

[88] [美] 贝克尔. 人类行为的经济分析 [M]. 上海：上海三联书店出版社，1993：25—37.

[89] [意] 贝卡里亚，2005，《论犯罪与刑罚》 [M]. 黄风译，北京：中国法制出版社，2005：15—22.

[90] [英] 边沁. 《道德与立法原理导论》 [M]. 时殷弘译，北京：商务印书馆，2000：25—40.

[91] Andrew McLennan, In - Uck Park. The market for liars reputation and auditor honesty [J]. *International Journal of Economic Theory*, 2016, 12 (1): 49 - 66.

[92] Amir E., Kallunki J. P., Nilsson H. The association between individual audit partners' risk preferences and the composition of their client portfolios [J]. *Review of Accounting Studies*, 2014, 19 (1): 103 - 133.

[93] Aobdia D., Lin C. J., Petacchi R. Capital market consequences of audit partner quality [J]. *The Accounting Review*, 2015, 90 (6): 2143 - 2176.

[94] Aobdia D. Does the organization and culture of the largest audit firms in-

fluence their audit quality and efficiency? [J]. 2016: 22.

[95] Ayers S., Kaplan S. E. Potential differences between engagement and risk review partners and their effect on client acceptance judgments [J]. *Accounting Horizons*, 1998, 12 (2): 139.

[96] Ayers S., Kaplan S. E. Review partners' reactions to contact partner risk judgments of prospective clients [J]. *Auditing: A Journal of Practice & Theory*, 2003, 22 (1): 29-45.

[97] Basu S. The conservatism principle and the asymmetric timeliness of earnings1 [J]. *Journal of accounting and economics*, 1997, 24 (1): 3-37.

[98] Bazerman M. H., Morgan K. P., Loewenstein G. F. The impossibility of auditor independence [J]. *Sloan Management Review*, 1997, 38: 89-94.

[100] Bedard J. C., Johnstone K. M. Audit partner tenure and audit planning and pricing [J]. *Auditing: A Journal of Practice & Theory*, 2010, 29 (2): 45-70.

[101] Bell T. B., Causholli M., Knechel W. R. Audit firm tenure, non-audit services, and internal assessments of audit quality [J]. *Journal of Accounting Research*, 2015, 53 (3): 461-509.

[102] Bengt Holmström. Managerial incentive problems: A dynamic perspective [C]. National Bureau of Economic Research, Inc, 1999: 89-94.

[103] Bernard Black. Shareholder passivity reexamined [J]. *Michigan Law Review*, 1990, (89): 520-608.

[104] Blouin J, Grein B M, Rountree B R. An analysis of forced auditor change: The case of former Arthur Andersen clients [J]. *The Accounting Review*, 2007, 82 (3): 621-650.

[105] Burke J., Hoitash R., Hoitash U. Audit partner identification: Early evidence from US Form AP filings [J]. *Unpublished Working Paper*, 2017: 13.

[106] Burrows G., Black C. Profit sharing in Australian Big 6 accounting firms: An exploratory study [J]. *Accounting, Organizations and Society*, 1998, 23 (5-6): 517-530.

[107] Cameran M., Campa D., Francis J. R. Partner identity and audit outcomes: Evidence from the UK engagement partner disclosure rule [R]. Working paper, Bocconi University, International University of Monaco, and University of Missouri. [Google Scholar], 2016: 9.

[108] Carcello J. V., Li C. Costs and benefits of requiring an engagement partner signature: Recent experience in the United Kingdom [J]. *The Accounting Review*, 2013, 88 (5): 1511 -1546.

[109] Carey P., Simnett R. Audit partner tenure and audit quality [J]. *The accounting review*, 2006, 81 (3): 653 -676.

[110] Chan D. K., Pae S. An analysis of the economic consequences of the proportionate liability rule [J]. *Contemporary Accounting Research*, 1998, 15 (4): 457 -480.

[111] Chen C. J. P., Su X., Wu X. Forced audit firm change, continued partner - client relationship, and financial reporting quality [J]. *Auditing: A Journal of Practice & Theory*, 2009, 28 (2): 227 -246.

[112] Chen C. Y., Chin C. L., Chi H. Y. Audit firm legal form and fraudulent financial reporting [J]. 2010: 15.

[113] Chen C. Y., Lin C. J, Lin Y. C. Audit partner tenure, audit firm tenure, and discretionary accruals: Does long auditor tenure impair earnings quality? [J]. *Contemporary accounting research*, 2008, 25 (2): 415 -445.

[114] Chen S., Sun S. Y. J., Wu D. Client importance, institutional improvements, and audit quality in China: An office and individual auditor level analysis [J]. *The Accounting Review*, 2010, 85 (1): 127 -158.

[115] Chi W., Lisic L. L., Myers L. A., et al. The effect of engagement partner visibility and fee pressure on audit quality [J]. *SSRN Electronic Journal*, 2017: 22.

[116] Chi H. Y., Chin C. L. Firm versus partner measures of auditor industry expertise and effects on auditor quality [J]. *Auditing: A Journal of Practice & Theory*, 2011, 30 (2): 201 -229.

[117] Chi W., Douthett Jr E. B., Lisic L. L. Client importance and audit partner independence [J]. *Journal of Accounting and PublicPolicy*, 2012, 31 (3): 320 - 336.

[118] Chi W., Huang H., Liao Y., et al. Mandatory audit partner rotation, audit quality, and market perception: Evidence from Taiwan [J]. *Contemporary Accounting Research*, 2009, 26 (2): 359 - 391.

[119] Chi W., Myers L. A., Omer T. C., et al. The effects of audit partner pre - client and client - specific experience on audit quality and on perceptions of audit quality [J]. *Review of Accounting Studies*, 2017, 22 (1): 361 - 391.

[120] Cianci A. M., Houston R. W., Montague N. R., et al. Audit partner identification: Unintended consequences on audit judgment [J]. *Auditing: A Journal of Practice & Theory*, 2016, 36 (4): 135 - 149.

[121] Cunningham L. M., Li C., Stein S. E., et al. What's in a name? Initial evidence of US audit partner identification using difference - in - differences analyses [J]. *The Accounting Review*, 2018.

[122] Dee C. C., Lulseged A., Zhang T. Who did the audit? Audit quality and disclosures of other audit participants in PCAOB filings [J]. *The Accounting Review*, 2014, 90 (5).

[123] Defond M. L., Lennox C. S. The effect of SOX on small auditor exits and audit quality [J]. *Journal of Accounting & Economics*, 2011, 52 (1): 21 - 40.

[124] Dekeyser S., Gaeremynck A., Knechel R., et al. The impact of partners' incentives on audit quality in Big 4 partnerships [C]. 26th Audit & Assurance Conference, Date: 2016/05/05 - 2016/05/06 Location: Oxford. 2016: 11.

[125] Entorf H., Spengler H. Socioeconomic and demographic factors of crime in Germany: Evidence from panel data of the German states [J]. *International review of law and economics*, 2000, 20 (1): 75 - 106.

[126] Firth M. A., Rui O. M., Wu X. Rotate back or not after mandatory audit partner rotation? [J]. *Journal of Accounting and Public Policy*, 2012, 31

(4): 356 - 373.

[127] Firth M., Mo P. L. L., Wong R. M. K. Auditors' organizational form, legal liability, and reporting conservatism: Evidence from China [J]. *Contemporary Accounting Research*, 2012, 29 (1): 57 - 93.

[128] Firth M., Rui O. M., Wu X. How do various forms of auditor rotation affect audit quality? Evidence from China [J]. *The International Journal of Accounting*, 2012, 47 (1): 109 - 138.

[129] Francis J. R., Michas P. N. The contagion effect of low - quality audits [J]. *The Accounting Review*, 2013, 88 (2): 521 - 552.

[130] Francis J. R. A framework for understanding and researching audit quality [J]. *Auditing: A journal of practice & theory*, 2011, 30 (2): 125 - 152.

[131] Geiger M. A., Raghunandan K, Rama D. V. Recent changes in the association between bankruptcies and prior audit opinions [J]. *Auditing: A Journal of Practice & Theory*, 2005, 24 (1): 21 - 35.

[132] Geiger M. A., Raghunandan K. Auditor tenure and audit reporting failures [J]. *Auditing: A Journal of Practice & Theory*, 2002, 21 (1): 67 - 78.

[133] Goodwin J., Wu D. What is the relationship between audit partner busyness and audit quality? [J]. *Contemporary Accounting Research* 2016, 33 (1): 341 - 377.

[134] Gu T., Simunic D. A., Stein M. T. Fixed costs, audit production, and audit markets: Theory and evidence [J]. *Social Science Electronic Publishing*, 2017: 13.

[135] Guan Y., Su L. N, Wu D., et al. Do school ties between auditors and client executives influence audit outcomes? [J]. *Journal of accounting and economics*, 2016, 61 (2 - 3): 506 - 525.

[136] Gul F. A., Wu D., Yang Z. Do individual auditors affect audit quality? Evidence from archival data [J]. *The Accounting Review*, 2013, 88 (6): 1993 - 2023.

[137] Hardies K., Breesch D., Branson, Joël. The female audit fee premi-

um [J]. *Auditing: A Journal of Practice & Theory*, 2015: 22, in press.

[138] He K., Pan X., Tian G. G. Political connections, audit opinions and auditor choice: Evidence from corruption cases [J]. SocialScience Electronic Publishing 2015: 33.

[139] Huddart S., Liang P. J. Accounting in partnerships [J]. *American Economic Review*, 2003, 93 (2): 410-414.

[140] Hwang N. C. R., Chang C. J. Litigation environment and auditors' decisions to accept clients' aggressive reporting [J]. *Journal of Accounting and Public Policy*, 2010, 29 (3): 281-295.

[141] İmrohoroĝlu A, Merlo A, Rupert P. Understanding the determinants of crime [J]. *Journal of Economics and Finance*, 2006, 30 (2): 270-284.

[142] Ittonen K., Trønnes P. C. Benefits and costs of appointing joint audit engagement partners [J]. *Auditing: A Journal of Practice & Theory*, 2015, 34 (3): 23-46.

[143] Ittonen K., Vähämaa E., Vähämaa S. Female auditors and accruals quality [J]. *Accounting Horizons*, 2013, 27 (2): 205-228.

[144] Khurana I. K., Raman K K. Litigation risk and the financial reporting credibility of Big 4 versus non-Big 4 audits: Evidence from Anglo-American countries [J]. *The Accounting Review*, 2004, 79 (2): 473-495.

[145] King R. R., Schwartz R. Legal penalties and audit quality: An experimental investigation [J]. *Contemporary Accounting Research*, 1999, 16 (4): 685-710.

[146] Laurion H., Lawrence A., Ryans J. P. US audit partner rotations [J]. *The Accounting Review*, 2016, 92 (3): 209-237.

[147] Lennox C., Li B. Accounting misstatements following lawsuits against auditors [J]. *Journal of Accounting and Economics*, 2014, 57 (1): 58-75.

[148] Lennox C., Li B. The consequences of protecting audit partners' personal assets from the threat of liability [J]. *Journal of Accounting and Economics*, 2012, 54 (2-3): 154-173.

[149] Lennox C. Audit quality and executive officers' affiliations with CPA firms [J]. Journal of Accounting and Economics, 2005, 39 (2): 201 -231.

[150] Levin J, Tadelis S. Profit sharing and the role of professional partnerships [J]. The Quarterly Journal ofEconomics, 2005, 120 (1): 131 -171.

[151] Li L., Qi B., Tian G., et al. The contagion effect of low - quality audits at the level of individual auditors [J]. *The Accounting Review*, 2016, 92 (1): 137 -163.

[152] Litt B., Sharma D. S., Simpson T., et al. Audit partner rotation and financial reporting quality [J]. *Auditing: A Journal of Practice & Theory*, 2014, 33 (3): 59 -86.

[153] Lu T., Sapra H. Auditor Conservatism and Investment Efficiency [J]. The Accounting Review, 2009, 84 (6): 1933 -1958.

[154] Lys T., Kothari S. P., Smith C. W., et al. Auditor liability and information disclosure [J]. *Journal of Accounting, Auditing and Finance*, 1988, 3: 307 -340.

[155] Marx K. A contribution to the critique of political economy [M] // Marx Today. Palgrave Macmillan, New York, 2010: 91 -94.

[156] Mednick R., Previts G. J. The scope of CPA services: A view of the future from the perspective of a century of progress [J]. *Journal of Accountancy*, 1987, 163 (5): 220.

[157] Menon K., Williams D. D. Former audit partners and abnormal accruals [J]. *The Accounting Review*, 2004, 79 (4): 1095 -1118.

[158] Miller T. Do we need to consider the individual auditor when discussing auditor independence? [J]. *Accounting, Auditing & Accountability Journal*, 1992, 5 (2).

[159] Mowchan M. J. Do office managing partners influence audit quality? [J]. *Available at SSRN* 2784285, 2016: 25.

[160] Muzatko S. R., Johnstone K. M., Mayhew B. W., et al. An empirical investigation of IPO underpricing and the change to the LLP organization of audit

firms [J]. *Auditing: A Journal of Practice & Theory*, 2004, 23 (1): 53 -67.

[161] Myers J. N., Myers L. A., Omer T. C. Exploring the term of the auditor - client relationship and the quality of earnings: A case for mandatory auditor rotation? [J]. *The accounting review*, 2003, 78 (3): 779 -799.

[162] Pratt J., Beaulieu P. Organizational culture in public accounting: Size, technology, rank, and functional area [J]. Accounting, Organizations and Society, 1992, 17 (7): 667 -684.

[163] Reynolds J. K., Francis J. R. Does size matter? The influence of large clients on office - level auditor reporting decisions [J]. *Journal of accounting and economics*, 2000, 30 (3): 375 -400.

[164] Robert Knechel W., Vanstraelen A., Zerni M. Does the identity of engagement partners matter? An analysis of audit partner reporting decisions [J]. *Contemporary Accounting Research*, 2015, 32 (4): 1443 -1478.

[165] Seetharaman A, Gul F A, Lynn S G. Litigation risk and audit fees: Evidence from UK firms cross - listed on US markets [J]. *Journal of accounting and economics*, 2002, 33 (1): 91 -115.

[166] Sharma D. S., Tanyi P. N., Litt B. A. Costs of mandatory periodic audit partner rotation: Evidence from audit fees and audit timeliness [J]. *Auditing: A Journal of Practice & Theory*, 2016, 36 (1): 129 -149.

[167] Stewart J., Kent P., Routledge J. The association between audit partner rotation and audit fees: Empirical evidence from the Australian market [J]. *Auditing: A journal of practice & theory*, 2015, 35 (1): 181 -197.

[168] Su L. N., Wu D. Is audit behavior contagious? Teamwork experience and audit quality by individual auditors [J]. *Teamwork Experience and Audit Quality by Individual Auditors* (March 15, 2018), 2018: 13.

[169] Sundgren S., Svanström T. Auditor - in - charge characteristics and going - concern reporting [J]. *Contemporary Accounting Research*, 2014, 31 (2): 531 -550.

[170] Trompeter G. The effect of partner compensation schemes and generally

accepted accounting principles on audit partner judgment [J]. *Auditing*, 1994, 13 (2): 56.

[171] Trumbull W N. Estimations of the economic model of crime using aggregate and individual level data [J]. *Southern Economic Journal*, 1989: 423 -439.

[172] Venkataraman R., Weber J. P., Willenborg M. Litigation risk, audit quality, and audit fees: Evidence from initial public offerings [J]. *The Accounting Review*, 2008, 83 (5): 1315 -1345.

[173] Wang C., Dou H. Does the transformation of accounting firms' organizational form improve audit quality? Evidence from China [J]. *China Journal of Accounting Research*, 2015, 8 (4): 279 -293.

[174] Wilson T., Grimlund R. An examination of the importance of an auditor's reputation [J]. *Auditing A Journal of Practice & Theory*, 1990, 9 (2): 43 -59.

[175] Witte A. D. Estimating the economic model of crime with individual data [J]. The Quarterly Journal of Economics, 1980, 94 (1): 57 -84.

[176] Ye P., Carson E., Simnett R. Threats to auditor independence: The impact of relationship and economic bonds [J]. *Auditing: A Journal of Practice & Theory*, 2011, 30 (1): 121 -148.

[177] Zerni M. Audit partner specialization and audit fees: Some evidence from Sweden [J]. *Contemporary Accounting Research*, 2012, 29 (1): 312 -340.

后　记

心流理论认为，人们最兴奋最满意的体验不是到达某个目标的这一刻，而是在无限接近目标的过程。在写完本书最后一个字时，我深深地体会到了这一点。似乎过去的每一天都想着早点完成它，而这一刻，突然发现这过去的五年才是我最最幸福珍贵的记忆。

首先，我必须由衷地感谢我的导师蒋尧明老师。在学习中，蒋老师总是严于律己，宽以待人，对于我学术知识上的浅薄和写作过程中的粗心大意他从未直接提出过严厉的批评，只是不厌其烦地一遍又一遍给我指导为我纠正，看着老师回复的那些带着密密麻麻的批改痕迹的稿件，我下定决心要更加努力，每次都要有新的进步。在生活中，蒋老师总是尊重和理解他人，对任何事情都能有条不紊不急不躁地处理，就像一个踏实的父亲，让我们每个学生感觉只要有老师在，跟着老师的步伐，我们什么都不需要担心。感谢老师这么多年对我海量的包容、耐心的教导和始终如一的信任，成为您的学生是我这辈子最大的荣幸。

感谢我们的导师“天团”。张蕊老师清晰的思路和优雅知性的举止、章卫东老师扎实的学术功底和极其强大的抗压能力、刘骏老师犀利的学术观点和温和的待人方式、荣莉老师严密的逻辑和无微不至对学生的关心、曹玉珊老师的风趣幽默和平易近人、邹玲老师明亮的微笑和娓娓道来的温婉、廖义刚老师一针见血又毫无保留的意见、彭晓洁老师过硬的专业能力和对学生无私的付出，还有谢盛纹老师即使在最后时刻忍受着身体的巨大不适还不忘询问指导我们的学习。老师们用言行丰富着我的价值观，指引着我不断进步。

成为一名老师是我从小的理想，也是我现在的方向。我的丈夫胡佳路鼓励我下定决心从繁琐的工作中重拾书本，展开了学术研究进击的旅途。犹记得2014年4月22日，那是我人生中最幸运的一天，本抱着试一试多考几年总有机会念头的我，居然意外地收获了一个不错的分数，更意想不到的是也就在这一天已经对孩子不抱希望的我发现自己怀孕了。伴随着惊喜的同时还有暗暗的忧虑，毕竟对正要开始潜心学习的人来说，孩子的到来不是个最佳时机。经过反复的思想斗争，在家人的鼓励下我决定勇敢面对挑战，用实际行动给孩子做榜样。特别感谢届时为我们授课的张蕊老师、蒋尧明老师、章卫东老师、刘骏老师和黎毅老师。老师们不但在学术上为我们指引了道路，在生活上更是给予了我和“葫芦”满满的理解和关爱，让葫芦也免费接收了一份最高规格的“胎教”。也要特别感谢我的同学罗国民、陈丹、钟爱贞、Nedi、Ali对我无微不至的帮助和照顾。这些美好的经历永远深深镌刻在我的脑海里。

充实快乐的学习眨眼间就过去了，成果的产出作为最重要的工作提上了日程。而我也顺利地迎来了我的小战友“葫芦”，都说“一孕傻三年”，产后严重睡眠不足以及大量被育儿工作占用的时间，使本就未经过国内研究生论文体系训练的我感觉迷茫和无处不在的压力。大把大把脱落的头发成为这一过程的鉴证。感谢我的家人们挺身而出，尤其是我的妈妈尧曼如和婆婆杨淑玲接下了照顾“葫芦”的重担让我可以毫无后顾之忧地投入学习；感谢我的好朋友章琳一、方芳、王宏、苑珺、董加、曹雯、张毅、娄玮、王清、于海燕、余雁、李斯蕾、罗希、付春等始终陪伴在我周围，为我出谋划策；感谢我亲爱的同门吉伟莉、张雷云、陈力维、赖妍、唐衍军、蒋珩、郑莹、杨李娟等时常与我交流心得，提供思路，鼓励我静下心来阅读更多的文献寻找思路；感谢以张洪辉、齐亚伟、李世刚、罗国民、熊家财、周冬华、刘杨晖为代表的我亦师亦友的“大牛”同事们，在忙碌的工作和科研中，抽出时间为我不厌其烦地答疑解惑，甚至一遍遍为我亲自演示和解释那些我原有基础薄弱的实证研究和模型构建。感谢“大大牛”陶长琪、徐晔老师及其门下弟子悉心指导，针对我的研究方向，手把手引导我这个“门外汉”学习博弈论的使用方法。感谢来自各行业的专家陈淑萍、姚莉茹、尧丛、张挥羽、熊浩君、郭亮亮、方欣等在我论文最后校订过程中对我的中文文法和英语翻译方面的指导。

本书的完结意味着人生新阶段即将开启，感恩所有，未来的日子希望能继续与大家携手并进，祝愿大家身体健康、平安喜乐、硕果累累。

肖洁

2022 年 4 月